Herbert Schober-Ehmer

Führen in der Ungewissheit

Mut zum Sowohl-als-auch

Mit Illustrationen von
Eva Wiesner

2018

© 2018 Herbert Schober-Ehmer

Autor: Herbert Schober-Ehmer
Umschlaggestaltung: Dr. Sabrina Mašek unter Verwendung eines
Ausschnitts aus dem Gemälde *La Falaise IX* von Herman K. Ehmer
(www.h-k-ehmer.de)
Illustration: DI Eva Wiesner
Lektorat: Dr. Sabrina Mašek

Verlag: myMorawa von Morawa Lesezirkel GmbH
ISBN: 978-3- 99070-929-0 (Paperback)
       978-3-99070-930-6 (e-Book)
Printed in Austria

Inhaltsverzeichnis

Warum noch ein Buch zur Unternehmensführung?

Es gibt wahrlich genug Artikel, Bücher, Blogs und Twitter, die Führungskräften gute Hinweise und Anregungen bieten, um die bekannten Herausforderungen erfolgreich zu bewältigen. 2016 habe ich gemeinsam mit Doris und Wolfgang Regele und Susanne Ehmer *„ÜberLeben in der Gleichzeitigkeit – Leadership in der „Organisation N.N."* veröffentlicht.

Kann man wirklich nach zwei Jahren so viel Neues sagen? Natürlich nicht, aber man kann neue Akzente setzen, andere Perspektiven einnehmen, neue Erfahrungen gewinnen und neu bewerten. Daher bin ich den Impulsen von Leser*innen und Kolleg*innen gefolgt, die meinten: *„Schreib doch ein kompaktes, fröhliches Handbuch! Die Situation von Unternehmen ist seit 2016 nicht einfacher geworden. Im Gegenteil: Ungewissheit und die daraus folgende Unsicherheit irritiert viele Führungskräfte."*
Daher habe ich den Fokus auf das Führen und Steuern in der Ungewissheit einer komplexen Welt gelegt. Es ist ein Einladung zu erkunden, wie Sie sich in Organisationen mit Kraft und Achtsamkeit, mit Freude und Entdeckerlust bewegen können. Sie werden Anregungen zum Planen, Organisieren, Entscheiden, zur digitalen Transformation u.v.m. finden.
Als erfahrene Managerinnen und Manager wissen Sie um die Begrenztheit von Rezepten und Ratschlägen, daher sind die Anregungen, Praxisbeispiele und Reflexionen als Impulse für das Abenteuer Führung zu verstehen.
Einige Aspekte zu Aufgaben, Rolle, Verhalten und zum Mindset werden Sie in unterschiedlichen Kapiteln immer wieder finden. Ich habe mich bewusst zu dieser Redundanz entschieden, weil sie jeweils zentrale Aspekte des Verhaltens bei unterschiedlichen Aufgaben beleuchtet und Kernelemente des Erfolges für das Steuern in Komplexität darstellt.

Viel Vergnügen und Inspiration beim Lesen!

Willkommen in der Welt der Komplexität!

*Wo kämen wir hin, wenn alle fragten „Wo kämen wir hin?" und
keiner ginge, um einmal zu schauen, wohin man käme, wenn man
ginge ...*

Kurt Marti

Das ist eine ernstgemeinte und herzliche Einladung. Obwohl man
fragen kann: „Wieso Einladung, wir leben ja mitten drin, wir
entgehen ihr nicht – keine Führungskraft, keine Organisation!"
Komplex war die Welt schon immer und die Formen, Konzepte,
Paradigmen haben genügend Sicherheit geliefert, um gestaltend
das Irritierende, Unberechenbare zu reduzieren.
Das ist anders geworden.
Wir haben es nicht nur mit einer gefühlten, sondern einer wirklich
erkennbaren Steigerung von Komplexität zu tun. Die Gründe sind
vielfältig.
Der Kultur- und Organisationssoziologe Dirk Baecker beschreibt
u.a., wie die jeweilige Erfindung und Entwicklung neuer
Verbreitungsmedien zu radikalem gesellschaftlichem Wandel
führten und führen: Sprache – Schrift – Buchdruck – Computer.
Die Medien der Kommunikation erweitern jeweils in dramatischer
Weise die Verbreitung von Gedanken und deren Verknüpfung zu
neuen Ideen und Möglichkeiten. Diese neue Vielfalt muss
gesellschaftlich neu geordnet werden.

Mit der Erfindung der Medien Computer und Internet ist ein so
umfassender gesellschaftlicher Wandel zu bewältigen, wie seit der
Erfindung des Buchdruckes und zuvor der Erfindung der Schrift
nicht mehr.[1]
Wir leben mitten in diesem Umbruch, ohne auf Erfahrungen der
Vergangenheit, auf erfolgreiche Praktiken oder passende Theorien
zurückgreifen zu können. Das Terrain, auf dem wir uns bewegen,

---

[1] Siehe Dirk Baecker, Studien zur nächsten Gesellschaft. Suhrkamp 2007

ist zu unbekannt – wie soll man wissen, ob das, was man darin tut, richtig oder falsch ist?

Die Ungewissheit kann bedrohen oder die Türen in neue Welten öffnen.

Darauf bezieht sich die herzliche Einladung.

Entdecken Sie, wie Freiheit und Kreativität wächst, wenn Sie immer weniger alles im Griff behalten müssen.

Lassen Sie sich zum „zügellosen Handeln" verführen.

Vertrauen Sie dem Zauber des Neuen, das jeder Herausforderung innewohnt!

Und erkennen Sie den Reichtum an Ressourcen, über die Ihre Organisation jetzt schon verfügt:
- Die Wahrnehmung und Weisheit Ihrer Mitarbeiterinnen und Mitarbeiter,
- die Kraft Ihrer gebündelten Ausrichtung,
- den Sinn, der verantwortliches Handeln nach sich zieht.

Ich wünsche Ihnen Gelassenheit und Zeiten der Ruhe, um Organisationen als Organismen zu verstehen, um dem Wunder Mensch und sich selbst auf die Spur zu kommen, um zu erkennen, wie sehr Ethik, Sinn, Verbundenheit zur Wirksamkeit von Führung beitragen können.

Ich wünsche Ihnen, dass Sie sich selbst und anderen Leichtigkeit, Freude, Neugier, Fantasie, spielerisches Ausprobieren, Achtsamkeit und Loslassen erlauben.

Reisen im Ungewissen

Die Reise erwartet, dass wir der Welt mit offenem Blick begegnen, einem jungen Blick, und alles Unbekannte mit neugierigen und hungrigen Augen sehen.

Thomas Espedal

„Das ist doch klar"
„Wir haben das genau analysiert"
„Die Trends zeigen doch eindeutig"
„Die Ursache konnte eindeutig geklärt werden"
„Dafür finden wir rasch eine Lösung"

Alles, was Gewissheit verspricht, ist beruhigend und verführerisch. Die Sicherheitssehnsüchte wollen bedient werden. Das Repertoire ist breit, komplexe Zusammenhänge, das Unberechenbare, die Dynamik des Lebendigen bis zur Nichterkenntlichkeit zu vereinfachen: ungeprüfte Behauptungen, verkürzte Beweislagen, PowerPoint-Präsentation, die die Vielschichtigkeit der Herausforderungen durch anschauliche Grafiken verschleiern, kühne Sprüche. Es lebe die Trivialität.

Die Ängste, die beruhigt werden sollen, sind verständlich, doch die Verneinung der Komplexität ist nur eine Scheinlösung. Das Ausgeschlossene, die Widersprüche verschwinden nicht, sie wirken – hinter den Kulissen vereinfachter Wahrheiten – weiter und erhöhen damit die Komplexität und die Gefahren, die durch das Festhalten an alten Lösungsansätzen, an der Vermeidung von Unterschieden, der Pflege von Selbstbestätigung entstehen. Entdeckt man erst den Charme der Ungewissheit, gewinnt man eine realistischere Perspektive auf Menschen, Teams, Organisationen, also auf komplexe Systeme. Wenn Ungewissheit zur tragenden Gewissheit geworden ist, dann sollte man Schein-Gewissenheiten durch die Weisheit, die aus dem Ungewissen erwächst, ersetzen.

Erwählen Sie die Ungewissheit zur freundlichen Begleiterin, dann weitet die unvermeidbar miteinhergehende Unsicherheit Ihren Blick. Dann entdecken Sie den Reichtum in der Vielfalt, dann kann jene Kreativität zünden, die sich erst durch ein „Jetzt habe ich keine Ahnung mehr" entfalten kann.

Unsicherheit erzeugt ein kreatives Spannungsfeld

Kreative Ideen, technologische und soziale Innovationen, erfolgreiche Produkte entstehen aus der Spannung *zwischen* unterschiedlichen Prinzipien, Prämissen oder Perspektiven. Das galt in Phasen stabiler oder einfacher Verhältnisse und gilt noch vielmehr in komplexen Welten.

Ihre Organisation wird dann erfolgreich Produkte und Dienstleistungen entwickeln, die besten Mitarbeitenden gewinnen, sich am Markt bewähren, wenn jede Perspektive als wunderbare Ressource erkannt und zueinander in Beziehung gesetzt wird.

Die Widersprüche und Spannungen zwischen den Erwartungen der Kunden, der Investoren und Behörden, die Rahmenbedingungen der Politik, die Erkenntnisse der Wissenschaft bilden das „Material", um das ganz Eigene zu entwickeln und darin die Qualitäten der Vergangenheit mit der Ausrichtung auf die Zukunft zu verbinden. Es wird jenes Unternehmen erfolgreich sein, das aus einem starken Selbstbewusstsein, dem Wissen um seine Kompetenzen, seinem Ideenreichtum und dem Verstehen der Kundenperspektiven Neues kreiert.

Ungewissheit als Ressource erzeugt neue Entscheidungssicherheit.

Wenn Sie angesichts komplexer und damit ungewisser Situationen nicht in hektische Betriebsamkeit, Schockstarre oder Resignation verfallen, werden Sie entdecken, wie ressourcenreich das Umfeld und Sie selber sind. Sie können gar nicht anders, als *aufmerksam* zu werden. Sie werden sich umsehen und lernen zu staunen und zu fragen. Sie werden nicht einfach lospreschen, sondern *achtsam* erste Schritte setzen und aufmerksam beobachten, was diese Schritte bewirken. So werden Sie neue Zusammenhänge erkennen. Sie werden vom Analysieren und Kontrollieren zum Modus des Kreierens wechseln. Und das Neue wird Neues hervorbringen – Transformation als permanenter Prozess. Die Art der Bewegung in diesem Prozess kann nur eine agile sein. Das bedeutet, sich auf die Situationen, Ihr Gegenüber, auf das Überraschende *einzulassen.* Einlassen heißt: beobachtend, aufmerksam und achtsam erproben. Die Bewegung bleibt nach vorne gerichtet, vielleicht mit Auf und Ab, vielleicht mit Schleifen, vielleicht entsteht (rückblickend) eine evolutionäre Spirale.

12 Anregungen für die Praxis

1. „Ich bin (mir) sicher, und daher…"
Schalten Sie – nur zum Probedenken und Probehandeln – auf den
Modus: „Ich bin mir selbst gewiss und erlaube mir daher
Ungewissheit". Die Erlaubnis macht es möglich, dass sich in das
dichte (operativ geschlossene) System von Annahmen Türen in
neue Denk-Welten öffnen, ohne dass Sie dabei befürchten
müssen, den Boden unter den Füßen zu verlieren.

2. Neuer Fokus – neue Fragen
Nehmen Sie Aspekte in den Fokus, die bisher nicht so wichtig
waren.
Was sehen und entdecken Sie, wenn Sie sich folgende Fragen
stellen:
➢ Wie könnte ich meine Gedanken anders denken?
➢ Wie könnte ich meine Einschätzungen variieren?
➢ Was wird möglich, wenn ich meine Prioritäten anders setze?

Was ändert sich, wenn Sie folgende Sätze umformulieren:
• Es ist klar, dass …
• Ohne … geht … nicht
• Wir müssen …

und stattdessen fragen:
➢ Was ist unklar und was sehe ich dadurch?
➢ Was können wir tun, wenn nicht mehr klar ist, dass …?
➢ Was wird ermöglicht, wenn wir bestimmte Bedingungen
    vergessen, ohne die etwas nicht möglich zu sein scheint?

3. Neue Überzeugungen – neue Handlungen
Gehen Sie Ihren Annahmen auf die Spur:
➢ Was sind die Erfahrungen/Überzeugungen, auf die ich mich
    berufe?
➢ Wie ändert sich meine Welt/meine Handlungsweise,
    wenn ich sie ein wenig modifiziere?

4. Feldforschung betreiben:
Statt sich über Pläne zu beugen, neue Berechnungen anzustellen, eine weitere Präsentation einzufordern oder selbst zu erstellen, könnten Sie hinaus ins Feld gehen und das unmittelbare Geschehen beobachten:

- ➢ Wie verhalten sich Mitarbeitende (nicht nur die Ihres Unternehmens!)?
- ➢ Wie agieren Kund*innen?
- ➢ Welche Potenziale werden dadurch sichtbar?

5. Das Terrain erwandern
Machen Sie eine Wanderung (sogar im wahrsten Sinn des Wortes) entlang der Produkt-Pipeline.

- Laden Sie einige interessierte Mitarbeitende mit anderer Expertise und Erfahrung auf diese „Forschungsreise" ein.
- Tauschen Sie in entspannter Atmosphäre Ihre Eindrücke aus, Sie werden sicher weitere Potenziale, noch nicht beachtete Schwierigkeiten und Hürden entdecken.
- Werden Sie (z.B. auch als Zulieferunternehmen) zu einem umfassenden Experten/einer umfassenden Expertin für die Erwartungen der Endkunden. Dieser entscheidet letztlich am Ende des Wertschöpfungsprozesses, wofür er zu zahlen bereit ist und ob daher sein Geld in den Einkommensprozess zurückfließen wird.

Praxisbeispiel:

Ein Produktionsunternehmen für Glasverpackungen hatte hohe Kompetenzen in der Zusammenarbeit mit seinen unmittelbaren Kunden entwickelt. Ausgehend von deren Problemen der Abfüllung und des Transports konnte es qualitativ hochwertige, innovative und kostengünstige Glasformen produzieren. Als sich eine abteilungsübergreifende Crew aufmachte, entlang der Lieferkette die jeweiligen Herausforderungen zu entdecken, wurde das Unternehmen zum wichtigsten Lieferanten: Es hatte sich Know-how für das Abfüllen, Transportieren, die Zwischenlagerung und das Einsortieren in den Verkaufsräumen unterschiedlicher Händler angeeignet. Entscheidend war, einen Schritt in ihrem Denken weiterzugehen und zu beobachten, wie die Endkunden in den Geschäften die diversen Gläser und Flaschen handhaben, nach Hause bringen und dort unmittelbar verwenden. So wurde die „Wander-Crew" zu innovativen Partner*innen für Produktdesign, Qualität und Funktionalität der Verpackungen. Die dadurch erworbene Kompetenz führte auch zu einer Erweiterung des Geschäftsmodells in den Bereich Steuerung und Logistik.

6. Wer wagt, gewinnt …

… auf alle Fälle Erfahrungen und Erkenntnisse.

Wenn Sie akzeptiert haben, dass sich komplexe Verhältnisse mit klassischen Instrumenten (analysieren, vorausberechnen, lineare Kausalzusammenhänge erkennen) nicht managen lassen, Sie aber handeln und entscheiden müssen, dann wagen Sie mehr Experimente. Wenn Experiment zu sehr nach Labor klingt, dann nennen Sie es *erproben*. Z.B. „Lasst uns mal erproben, unser Morgenmeeting im Verkaufsraum durchzuführen" oder „Lasst uns mal erproben, in einem Teil unseres Kreditbereiches kleinen multifunktionalen Teams die gesamte Verantwortung zu übertragen, von Vertrieb über Prüfung, Abwicklung bis zu Controlling."

7. Eigen-Sinn und Kundenwunsch balancieren

Von den Kundenerwartungen her die Organisation auszurichten, ist das Mantra der Stunde und gewiss auch der Zukunft. Industrie 4.0, Agile Prozesse, das Nutzen von Big Data, u.a.m. ermöglichen es Unternehmen, rasch auf Veränderungen und individuelle Wünsche zu reagieren. Werden Sie dennoch nicht zur bedingungslosen Kundenwunscherfüllungsmaschine!

Verbinden Sie Kundeninteressen und Kundenprobleme mit Ihrer Interpretation von Sinn, Qualität, Design, Funktionalität.
Machen Sie Ungewissheit zur Quelle des Dialoges und der Co-Kreation mit dem Kunden.
So entstehen gleichzeitig Problemlösungen für den Kunden und Sinnstiftungen für Ihr Unternehmen. Ihr spezifisches „WHY-WHAT-HOW" kann sich so im Spannungsfeld zwischen den Vorstellungen Ihres Unternehmens und Ihrer Kunden weiterentwickeln.

8. Raus aus den Besprechungszimmern, an die Orte des Geschehens:

Reduzieren Sie Ihre Meetings. Gehen Sie stattdessen an jene Orte und Zusammenkünfte, wo relevante Probleme auftauchen, unmittelbar gelöst werden sollten und wichtige Entscheidungen anfallen. Agieren Sie nicht als wissende Person mit Fachexpertise, sondern moderieren Sie in diesem „Hier und Nun"[2] einen gemeinsamen Entdeckungsprozess.

9. Raum der Möglichkeiten öffnen:
Laden Sie unter dem Motto „Was wir wollen, er-schaffen wir" Menschen aus Ihrer Organisation (und manchmal auch andere) in einen realen oder auch virtuellen *Raum der Möglichkeiten* ein. Lassen Sie in diesem Rahmen Ideen für Probleme entwickeln, die die Teilnehmenden auf dieser Plattform lösen wollen – unterstützt mit der Methodik von DesignThinking[3] oder in einem (teilweise strukturierten oder auch freien, selbstgesteuerten) Findungsprozess.

10. Felder der Möglichkeiten pflegen
Unterscheiden Sie vier Aufgabenfelder:
1. Was wollen wir erneuern?
2. Was wollen wir entwickeln?
3. Was wollen wir optimieren?
4. Was wollen wir stabilisieren?

Ermöglichen Sie, dass sich um jede dieser Fragen ein Team bildet, das dem Thema gemäß unterschiedlich arbeitet.

Das Entdeckerteam arbeitet nach dem Green-Field-Approach[4] und überlegt:
➢ Was könnten wir in unserer Organisation ganz anders machen?
➢ Welche neuen Geschäftsmodelle/Apps/ … können wir uns vorstellen?

---

[2] Üblicherweise heißt es „hier und jetzt". Der Begriff *Jetzt* schließt, das *Nun* öffnet unmittelbar zum „Was nun?"
[3] Siehe Plattner, H. Meinel, 2009
[4] Der Grüne-Wiese-Ansatz ist ein Planungsverfahren, bei dem Unternehmen oder Strategien von Grund auf neu gedacht werden, ohne bestehende Rahmenbedingungen der aktuellen Organisation zu berücksichtigen.

Das Erkundungs- und Sondierungsteam erhebt Good- and Best-Practice, organisiert Erfahrungsaustausch zwischen Bereichen sowie Learning Journeys und wertet diese aus.

Das Optimierungsteam wertet bestehende Verfahren und Routinen aus und sucht nach Verbesserungen und Quick-Wins.

Das Stabilisierungsteam beschäftigt sich mit Monitoring und Controlling, um sicherzustellen, dass Projektergebnisse in den bestehenden Arbeitsprozessen realisiert werden.

11. Pragmatismus macht Prinzipien lebensfähig
Regen Sie zu pragmatischen Lösungen an und erproben Sie Lösungen, die nicht zu bestehenden Prinzipien und bisher wichtigen Werten passen. Das gilt natürlich nicht für Complianceregeln.

12. Unsicherheit macht klug
Machen Sie Mut, Unsicherheit auszusprechen, statt sie zu überspielen. Regen Sie an, weiterführende Fragen zu stellen. Irritieren Sie Behauptungen. Machen Sie Meetings zu qualitativen, neugierigen Dialogen.
Laden Sie ein, sich mit Freude im „Sowohl-als-auch-Diskurs" zu üben, entdecken Sie die Vielfalt an Möglichkeiten, die mehrdeutige Antworten auf mehrdeutige Situationen erlauben.

Wenn es nicht nur kompliziert, sondern komplex ist

„Komplex ist eine Situation dann, wenn sie mehrere andere Zustände annehmen kann, das heißt, wenn es zwischen einem Ereignis A und einem Ereignis B keine notwendigen oder eindeutigen Beziehungen geben muss."

Armin Nassehi – Die letzte Stunde der Wahrheit

Praxisbeispiel:
Der Geschäftsführer eines Produktionsunternehmens eröffnete eine Großgruppenveranstaltung mit folgendem Statement:
„Wir wissen jetzt, dass wir vorweg nicht wissen können was die richtige Strategie ist, wir können nur über Versuch und Irrtum entdecken, was funktioniert und was sich im Rückblick als die geniale Idee herausstellen wird. Und wir können nicht davon ausgehen, dass wir auch ein zweites Mal mit diesem Vorgehen erfolgreich sein werden. Wir wissen, dass alles immer auch ganz anders möglich ist. Erwartet daher nicht – so wie früher – wir von der so genannten Spitze haben den Überblick und die Lösungen. Dazu brauchen wir Euch, den Dialog und neue Formen der Führung."

In diesem Unternehmen hatte sich ein interessantes Erklärungsmuster etabliert: Wenn eine Sache nicht nach Plan lief, die Strategie nicht zum erwarteten Erfolg führte, Mitarbeitende sich nicht erwartungsgemäß verhielten, dann wusste man: *„Kann ja gar nicht gehen, ist ja komplex!"* Eine meist richtige Diagnose, die aber zu falschen Ergebnissen führte: *„Komplexität ist schuld, was soll man da schon machen?"*
Damit wollte der Geschäftsführer mit seiner Einladung zu Dialog und neuer Führung Schluss machen und erklärte:
„Wenn wir es mit Vielfältigkeit und Unvorhersehbarkeit zu tun haben, dann müssen wir auch im Handeln vielfältig, flexibel, überraschungsfähig sein".

Können Sie noch eindeutig erkennen, was richtig oder falsch, mehr oder weniger wirksam, erfolgreich oder möglicherweise sogar zerstörerisch ist?

Willkommen im Club! In einem hoch komplexen Umfeld gibt es nur noch selten eindeutige lineare Zusammenhänge.

Die einst so hilfreichen strategischen Segmentierungen, Portfolio-Analysen oder Abgrenzungen zwischen Kundengruppen, Konkurrenten und Partnern verschwimmen nicht nur, sondern können sogar zu falschen strategischen Schlüssen führen.

Wenn man Komplexität nicht mehr mit dem tief verankerten Kausalitätsdenken bewältigen kann, braucht es einen anderen Umgang mit Gewissheit und Ungewissheit, mit Sicherheit und Unsicherheit. Man kann Komplexität weder zu fassen kriegen, noch kann man sie im „klassischen" Sinn managen.

Man kann nur mit – und nicht gegen – Komplexität führen, denken, reflektieren, entscheiden.

Machen Sie folgenden Check:

Wie schätzen Sie Ihre Situation ein?

Zwischen 1: überhaupt nicht und 10: immer

Situation	1 10
Wie weit lässt sich das Geschehen in Ihrem Unternehmen (abgesehen von automatisierten Produktions- oder Logistikprozessen) durch strikte Regeln und straffe Prozesse steuern?	
Wie weit passt die Metapher vom Räderwerk und den gut ineinander greifenden Zahnrädern zum Bild Ihrer Organisation?	
Wie weit führen (digitale und andere) Vernetzungen zu überraschenden Effekten? (z.B. wenn etwas, das in einem Bereich als sinnvolle Veränderung eingeführt wurde, in anderen unvorhergesehene Konsequenzen zeigt)	
Wie weit scheitern Versuche, Eindeutigkeit herzustellen, an mehreren – durchaus sinnvollen – Optionen?	
Wie weit bemerken Sie, dass sich bewährte Tools zwar für komplizierte Aufgaben eignen, aber bei komplexen Sachverhalten nicht mehr greifen?	

Welche Schlüsse ziehen Sie aus diesem kurzen Check? Hätten Sie Lust, einen neuen „Deal" mit der Unsicherheit, dem Nicht-Kontrollierbaren einzugehen?
Tatsächlich ist eine komplexe Welt nicht eindeutig zu beschreiben oder zu berechnen, selbst wenn es vollständige Informationen über deren einzelne Elemente und ihre Wechselwirkungen gäbe. „Gäbe" verweist auf die Unmöglichkeit, Menschen in ihrer Charakteristik, Teams in ihrer Qualität, Organisationen in ihrer spezifischen Kultur komplett und adäquat zu beschreiben. Denn jede Beobachtung und Beschreibung hat unmittelbare und mittelbare Auswirkungen auf das beobachtete System.

So kann z. B. eine Beschreibung und Bewertung des Aktienmarktes zu dessen nicht vorhersagbaren Veränderung führen. Es macht daher wenig Sinn, auf Basis aufwändiger und umfangreicher Analysen die perfekten Lösungen entwickeln zu wollen – lassen Sie sich stattdessen auf das Entdecken und Erproben von Möglichkeiten ein!

Halten Sie inne!
Begegnen Sie der erhöhten Komplexität mit der Bereitschaft, die Welt anders als gewohnt zu sehen und zu verstehen: Ergänzen Sie die Unterscheidung von Richtig/Falsch von Entweder/Oder durch ein Sowohl/Als auch.

Aufmerksamkeit und Achtsamkeit schadet ja nie, aber in einem komplexen Umfeld gewinnen diese Fähigkeiten höchste operative Funktion und Bedeutung. Beobachtungsfähigkeit wird zur Voraussetzung des Überlebens. Und wenn Beobachtung so wichtig wird, sollte sie selbst nicht unbeobachtet bleiben. Das Beobachten, also wie Beobachtende beobachten und bewerten, ist die neue Kernkompetenz. Eine Kompetenz, die nur dann Steuerung und Führung verbessert, wenn der Austausch, der Dialog, der konstruktive, fröhliche Streit in das Tagesgeschehen eingebaut wird.
Trotz aller Aufmerksamkeit bleiben das Unbestimmte und damit die Ungewissheit bestehen.

Und das erfordert neue Führungsstrategien …

Neue Führungsstrategien

Gehen Sie nicht auf die Suche nach Schuldigen und einfachen Ursachen.
Verabschieden Sie sich vom liebgewordenen Reflex, Ergebnisse (Erfolge und Fehler) den Menschen (dem CEO, dem Sachbearbeiter, der Assistentin, den anderen,...) zuzuschreiben. Das wird eine schwierige Übung. Ist doch dieses so einfache und schnelle Denkmuster meist fixer Bestandteil des Kommunikationsspiels, mit dessen Hilfe die verursachende Person rasch identifiziert werden kann. Meist entdeckt man zu spät, dass solche einfachen Erklärungen nicht stimmen oder zumindest zu kurz gegriffen sind.[5] Wenn auftretende Probleme nur auf bestimmte Persönlichkeiten zurückgeführt werden, können die wahren Zusammenhänge nicht gefunden werden und alte Muster wiederholen sich. Trainerwechsel sind aufwendig und teuer und der mögliche Erfolg ist oft nur eine Zuschreibung.

Verzichten Sie auf Etiketten
Haben Sie es mit komplexen Systemen zu tun – z. B. mit Ihrem Team, Ihrem Bereich – sollten Sie das Verhalten einzelner „Elemente" nicht aus deren scheinbar unabhängigen Eigenschaften erklären. Charakterisierungen, wie „die Mitarbeiterin A ist engagiert", „der Mitarbeiter B ist pingelig", „der Kunde ist kompliziert und unverschämt", sind beliebte, aber sehr vereinfachende Etiketten, die die sozialen, inhaltlichen und zeitlichen Kontexte, die Beziehungen und die zur Verfügung stehenden Ressourcen ausklammern.
Sie wissen ja, der gleiche Sachverhalt kann aus unterschiedlichen Perspektiven und Kontexten heraus ganz unterschiedlich bewertet werden.

---

[5] Vgl. Praxisbeispiel auf S. 83

Entdecken Sie stattdessen Muster, Spielregeln und verborgene Glaubenssätze

Handlungen in jedem sozialen System sind selten beliebig oder zufällig. Es bilden sich immer Verhaltensmuster aus, die Spielregeln, Grundannahmen, Glaubenssätzen und Entscheidungsprämissen folgen. Dort lohnt es sich hinzuschauen.

Das erspart, die so genannte Persönlichkeit oder die Motive (die man nur unterstellen kann) der Einzelnen zur Ursache zu erklären.

Fragen Sie sich und andere:
- ➢ Was trägt zur Entstehung und Erhaltung bestimmter Muster bei?
- ➢ Worin sind sie hilfreich?
- ➢ Was ermöglichen sie?
- ➢ Was erschweren sie?

Es sind nahezu immer die Muster der Kommunikation und die „Glaubenssysteme", die Appelle ins Nirwana laufen lassen, und nicht die unbelehrbaren Mitarbeitenden.

Glaubenssätze wie diese scheinen harmlos, sind aber hoch-
wirksam:
„Es gilt eh nur was die Technik sagt."
„Sei vorsichtig, was Dir die Vertriebsleute erzählen!"
„Unsere Ideen werden nicht gehört."
„Unsere Abteilung bekommt immer den Schwarzen Peter
zugeschoben."

Fragen Sie:
- ➢ Von welchen Annahmen lösen wir uns jetzt bewusst?
- ➢ Welche neuen Glaubenssätze und Geschichten helfen jetzt
  weiter?
- ➢ Nach welchen Spielregeln wollen wir handeln?

Das erfordert reflexives Fragen, Mut, Ungesagtes und Unge-
wohntes auszusprechen, zuzuhören und auf Verteidigungen und
Angriffe zu verzichten. Das ist auf alle Fälle ein vielschichtiges und
interessanteres Vorgehen als das „Herumdoktern" an Personen.

Verzichten Sie auf klassische Trainings
Statt Mitarbeiter*innen in Seminaren von externen Trainern zu
Changethemen belehren zu lassen, laden Sie so viele
Mitarbeitende wie möglich ein, sich am „Prozess des
Organisierens" zu beteiligen.

Lassen Sie kleine interdisziplinäre Teams überlegen, wie
Veränderungen mit Stabilität und Berechenbarkeit, hierarchische
Strukturen mit Selbstorganisation, Linienlogik mit agiler
Prozessdynamik, funktionale Ausrichtung mit konsequenter
Kundenorientierung und bereichsspezifischen Expertisen
kollaborativ verknüpft werden können. Gemeinsam werden Sie
entdecken, wie spannend und motivierend es ist, eine
Organisation zu gestalten und zu entwickeln. Und viele werden
erkennen, worauf es beim Einzelnen ankommt, welches Verhalten
erforderlich, welche Kommunikationsform nützlich ist und welche
Spielregeln zum Ziel führen.

Erlauben Sie sich und anderen mehr Leichtigkeit
Viele Führungskräfte sehnen sich nach *Leichtigkeit*, gehen aber davon aus, dass der „Ernst der Lage", die Schwere des Problems diese verhindert. Sobald Beratende Konzepte und Wege anbieten, die es ermöglichen, auch große Herausforderungen mit Leichtigkeit zu bewältigen, wird das rasch mit mangelnder Seriosität und Oberflächlichkeit verwechselt. Oder sogar der vorschnelle Schluss gezogen: Leichtigkeit = Leichtsinn.

Versuchen Sie bei der nächsten komplexen oder festgefahrenen Situation folgendes sinn-volles Gedankenexperiment:
Fragen Sie sich und Ihr Team:
> ➤ *Was kommt uns in den Sinn, wenn wir uns leicht-sinnig verhalten?*
> ➤ *Wie gestalten wir unsere Meetings mit Leicht-Sinn oder Leichtigkeit?*
> ➤ *Welcher „schwere Ballast" an Meinungen oder Über-zeugungen kann abgeworfen werden?*

Natürlich sind solche Experimente mit Risiken oder zumindest mit Nebenwirkungen verbundenen. Der ‚Leichte Sinn' ist immer eine Gefahr für festgefügte Prinzipien und stabile Annahmen. Das als Möglichkeit Ausgeschlossene wird plötzlich wieder sicht- und denkbar und das kann zu Recht beunruhigen. Aber auch Leichtigkeit beim Suchen nach Lösungen verlangt klare Rahmenbedingungen!

Sobald die Grenzen klar definiert sind, können Sie und Ihr Team sich auch auf „gefährliche" Fragen einlassen, wie z.B.:
> ➤ *Wohin führt uns der Weg des geringsten Widerstandes?*
> ➤ *Was wäre, wenn wir uns auf ein ‚Why not' einließen?*
> ➤ *Was passiert, wenn wir alle Vorstellungen loslassen?*

Durchaus Sinn-voll …!

Auf der Suche nach der passenden Organisation

Sollen wir die Hierarchie noch mehr abflachen und auf
Selbstorganisation setzen?
Sollen wir Holocracy, Soziokratie oder autonome Projektverfahren
einführen?
Sollen wir Scrum vom IT-Bereich auf den Vertrieb ausrollen?
Sollen wir im Bereich von F&E mehr DesignThinking anwenden?
Was ist die passende Organisation für eine komplexe, dynamische
Welt?

Natürlich sind diese Fragen berechtigt, könnten aber zu kurz
greifen. Die Anforderung ist klar: Komplexe Umwelten erfordern
Offenheit für stetige Veränderungen bei gleichzeitig klarer
Ausrichtung und Flexibilität in der Bewältigung neuer
Anforderungen. Es liegt nahe, von der Agilen Organisation zu
sprechen.

Agilität könnte man als Modebegriff abtun und sie aufgrund ihrer
„schillernder Unschärfe" kritisieren.
Setzt man Agilität mit Lebendigkeit, mit Vitalität gleich, können
neue Bilder und Metaphern von Organisation entstehen. Das
Stabile wird um etwas Flüchtiges, Temporäres erweitert.
Die weiterführende Frage könnte daher lauten:
Wie wollen Sie in Ihrer Organisation Berechenbarkeit und
Stabilität mit Agilität und Veränderungsbereitschaft balancieren?

Gesucht ist eine Organisation, die Sicherheit in der
Unberechenbarkeit gibt.
Es geht um ein anspruchsvolles Paradoxiemanagement mit der
Aufgabe, die eingeübten Ordnungsprinzipien der klassischen
Hierarchie des Oben/Unten mit einer Außen/Innen-Hierarchie zu
koppeln.
Der „Außen-König" Kunde tritt vermehrt in Konkurrenz zum
„Innen-König" Boss. Wem hat man in der Organisation zu dienen?

Diese beiden Herrschenden werden sich zum (meist gut geübten) Konkurrenzspiel, auf eine Form der Kooperation, mehr sogar der Kollaboration, der Ko-Kreation einlassen müssen. Das Verhaltensparadigma „Please the Boss" ist ein Risikofaktor geworden. Es ist eine unverzichtbare Aufgabe des Führungssystems geworden, die Organisation konsequent auf den Kunden hin auszurichten.

Gemeinsam mit den (real mitwirkenden oder mitgedachten) Kunden begibt man sich als Organisation in *Möglichkeitsräume* des Suchens, Findens und Entdeckens. Aus diesem Prozess gewinnt die Organisation Entscheidungsimpulse dafür, welche Qualitäten sie in der nächsten Periode aufweisen soll, und wie diese gewährleistet werden können.

We proudly present: Die Organisation N.N.
Das Konzept, das Modell, der Prozess

Der Begriff Organisation N.N. definiert keine Strukturen und
Rollen wie in hierarchischen oder anderen Organisationstypen.
Er beinhaltet stattdessen ein Entwicklungs- und Prozessdesign mit
Anregungen zu Spielregeln, Steuerungskonzepten und Führungs-
verhalten, zu Aspekten der Kultur, zu Entscheidungsprozessen und
zur Planung, die für eine permanente Erneuerung, Entwicklung
oder Transformation von Organisationen unverzichtbar werden.

Unternehmen sind gefordert, praktikable Organisationsformen zu
entwerfen, die genügend stabil und zugleich schmiegsam,
organisch, d.h. evolutionsfähig sind. Nur dann können sie in
diesen dynamischen Umwelten, die reich an Überraschungen und
an Potenzialen sind, ihrer Aufgabe gerecht werden.
Es geht mehr und mehr um Unternehmen, die nicht nur ihrem
funktionellen und ökonomischen Auftrag nachkommen, sondern
auch ihrer gesellschaftlichen Verantwortung eines nachhaltigen
Wirtschaftens, einer Sinnorientierung entsprechen und
menschengerecht gestaltet sind.
Es ist Zeit für einen neuen Typus von Organisation, der sich
einerseits organisch entwickelt und sich andererseits immer
wieder neu denken, neu „erfinden" darf und muss.

Es ist Zeit für die Organisation N.N.

Es ist nicht mehr sinnvoll, anhand *eines* Merkmals, *einer*
herausragenden Eigenschaft, *einer* typischen Struktur die
Organisationen der nächsten Epochen treffend zu charakterisieren. Es gibt keine verlässlichen und verallgemeinerbaren
Aussagen mehr darüber, welche Eigenschaften ausreichen, um
die Überlebensfähigkeit einer bestimmten Organisation sicherzustellen. Und das ist zweifelsohne NEU und auf den ersten Blick
beunruhigend. Doch gerade darin steckt eine besondere Chance.

Die Abkürzung N.N. markiert in einem Organigramm eine Leerstelle, die noch mit konkreten Personen, mit ganz spezifischen Fähigkeiten zu besetzen ist. Sie leitet sich vom lateinischen *nomen nominandum*, dem noch zu Benennenden, ab. Überträgt man die Metapher der Leerstelle auf die gesamte Organisation oder auf deren Teilbereiche, fordert dieses N.N. auf, etwas zu tun, das „noch nicht Bezeichnete" mit Eigenschaften und Qualitäten zu füllen. Laden Sie Ihr Team ein: „Lasst uns gemeinsam überlegen und entscheiden, welche Organisation wir – für die nächste Periode – schaffen wollen!"

Gesucht werden Beschreibungen, die inspirierend und identitätsstiftend sind und dennoch verändert werden dürfen: In einem Jahr werden Sie zum Beispiel eine „widerspruchs-fröhliche" statt eine präzise, stringente Organisation managen, im nächsten eine „gesund-dynamische" oder eine „innovativ-forschende", dann eine „ruhig-entschleunigte", usw.
Dieser Zugang eröffnet und erfordert ein Prozessverständnis von Organisation. Natürlich geben die Gebäude, das Inventar, die Mitarbeitenden, die erzeugten Produkte, Broschüren, Websites, die Organigramme und Stellenbeschreibungen Auskunft darüber, womit man es zu tun hat – aber all dies *erzählt* nicht unmittelbar, welche Verhaltensweisen, Fähigkeiten, Qualitäten zum Einsatz kommen, wenn organisiert, geführt, gearbeitet, kooperiert, informiert wird.

Womit hat man es eigentlich zu tun, wenn es um „die Organisation" geht?
Will man Organisationen verstehen, sollte man seinen Blick auf das tägliche Geschehen, auf das Leben in der Organisation richten. Auf Ereignisse, die auf Ereignisse, Kommunikationen, die auf Kommunikationen, Entscheidungen, die auf Entscheidungen, Handlungen, die auf Handlungen folgen. Produkte, Websites, Geschäftsberichte und Bilanzen sind die Ergebnisse dieser „sozialen Prozesse".

Die Organisation ist ein lebendiger Prozess

Vielleicht wirkt es ungewöhnlich, nicht von der Organisation als Ding zu sprechen, sondern vom „Prozess des Organisierens"[6]. Aber damit ist viel rascher und klarer zu erfassen, was eigentlich geschieht, wie Erwartungen entstehen, wie im Prozess der Kommunikation Sinn hergestellt wird. Beschreibungen wie *rational, originell, intuitiv, unsinnig, gefährlich, zielorientiert, kostenintensiv, bürokratisch, schlank, human, ausbeuterisch* etc. sind keine Eigenschaften, die den Prozessen „innewohnen", sondern Gedankenkonstruktionen, Etiketten, die geprägt und verliehen werden.

Beobachten Sie, wessen Etikettierungen sich durchsetzen und welche Wirkungen sie hervorrufen!

Jede Führungskraft weiß aus ihrem täglichen Tun, dass eine Organisation nicht wirklich zu *gestalten* ist. Jeder Akteur, jede Akteurin kann sich immer nur in Prozesse, in die Verknüpfungen von Handlungen, in Entscheidungsfolgen und in die „Herstellung von Etiketten" einmischen. Sie können intervenieren, können versuchen, auf Entscheidungsprämissen Einfluss zu nehmen und Rahmenbedingungen festzulegen. Ob diese dann Wirkungen und den gewünschten Erfolg zeigen, stellt sich immer erst im Nachhinein heraus. Das ändert aber nichts an der Verantwortung und Notwendigkeit von Führung.

Aufgabe der Führung bleibt, Rahmenbedingungen zu setzen, auf deren Einhaltung zu beharren oder sie auszudehnen oder sogar manchmal deren Nichteinhaltung zu tolerieren. Und zugleich muss Führung mehr denn je auf das vertrauen, was in der „alten Hierarchie" nicht vorgesehen war: auf die *Selbstorganisation* von verständnisvollen, intelligenten, kundenorientierten, verantwortungsbereiten Mitarbeiterinnen und Mitarbeitern.

---

[6] Siehe Karl E. Weick, 1985

Wenn Sie das Außen des Unternehmens (oder auch Ihres Bereiches) mit dem Innen sinnvoll und wirksam aufeinander beziehen wollen, dann koppeln Sie folgende Fragen:

➤ Wie können WIR in komplexen, dynamischen Umwelten erfolgreich unsere Funktion erfüllen (also Produkte, Dienstleistungen, Problemlösungen zur Verfügung stellen)? UND

➤ Wie können wir uns dabei selbst als sinnvoll, als Sinn stiftend und ökonomisch wie ökologisch erfolgreich erleben?

Dabei geht es um weit mehr, als mit ausgefeilten Methoden und Verfahren agiler zu werden. Es geht um die Kunst zu erkennen, was wir bewahren können und was wir verändern sollten. Es geht um die Kunst, Berechenbarkeit und Stabilität mit Agilität und Veränderungsbereitschaft zu balancieren.

Es geht um die Kunst, gegensätzliche und widersprüchliche Steuerungs- und Führungsformate zu verbinden.

Hierarchische Strukturen mit Selbstorganisation und Team-steuerung, Routinen der Linienlogik mit agiler Prozesssteuerung, funktionale Gliederung mit kundenorientierten, bereichsübergreifenden Entwicklungsverfahren und

interdisziplinären Kollaborationen, elaboriertes, klassisches Projektmanagement mit Scrum[7].
Wie funktioniert das?
Indem sich die Organisation selbst als Möglichkeitsraum begreift. Wer sich konzeptionelle Unbestimmtheit erlaubt, kann sich stets neu bestimmen.

Das Maschinenbild der gut ineinander greifenden Zahnräder hat ausgesorgt. Die Organisation versteht und beobachtet sich als ein dynamisches Feld von Widersprüchen, auf dem sich Handelnde mit unterschiedlichen Interessen und Fähigkeiten bewegen, sich aufeinander einlassen, miteinander entscheiden und führen. Gewiefte Führungskräfte wissen, dass es ihnen gelingen muss, die Unterschiede der Bereiche und deren Eigendynamiken zuzulassen und zu nutzen, bei gleichzeitiger Erhaltung des Gemeinschafts-gefühls („Wir sind alle eine Familie, wir sitzen alle im selben Boot").
Es genügt nicht mehr, zeitlich linear zuerst das Eine und dann das Nächste zu erledigen.
Es geht um die gleichzeitige Bearbeitung unterschiedlicher Ausrichtungen und Aufgaben, die nicht kausal, sondern in Form von dynamischen (und oft zirkulären) Wechselwirkungen miteinander verbunden sind.
Diese „Vielfach-Kontextualität" kann durchaus überfordern oder das Gefühl von Zerrissenheit auslösen. Was wäre die Alternative?

Der Buddhismus kennt das „leere Selbst", als eine Voraussetzung, um aus der inneren Ruhe und Selbstgewissheit in den Turbulenzen des (beruflichen) Alltags handlungsfähig zu bleiben. Je turbulenter und widersprüchlicher eine Situation erlebt wird, umso mehr braucht es ein vorübergehendes Innehalten, ein Zur-Ruhe-Kommen, ein bewusstes Ausatmen, ein wirkliches Leerwerden.

---

[7] Siehe u.a.: Dräther, R. 2013

Das hilft auch Teams, sich neu auszurichten. Erlauben Sie sich und Ihrer Einheit sowohl Momente der Ruhe, als auch das Gedankenexperiment Ihre Organisation als „Leerstelle" zu sehen.

Das Prinzip des „noch zu Benennenden" der Organisation N.N. spiegelt diese Leere wider. Wird eine ganze organisatorische Einheit als nomen nominandum definiert, initiiert das einen Prozess. Die Leere will kreativ gefüllt werden.
Management und Mitarbeitende können in gut strukturierten Schritten entdecken und entscheiden, was die Organisation in der nächsten Periode auszeichnen soll, um die Aufgaben und Herausforderungen bestmöglich zu erfüllen.

> ➤ Welche Eigenschaften und Qualitäten der Organisation (des Bereiches, des Teams oder eines Meeting) sind anzustreben und festzulegen?
> ➤ Welche Metaphern verdeutlichen am besten, wer wir sind bzw. wer wir sein wollen?

Mit diesen einfachen Fragen wird die Vorstellung der Agilen Organisation hin zum Prozessdesign der Organisation N.N. erweitert.

Warum gerade Eigenschaften?

Eigenschaften erzeugen lebendige, konkrete Bilder, die emotional berühren und mitnehmen. Eigenschaften können sich in unterschiedlichen Formen, Verhalten und Handlungen zeigen. Das gibt Spielraum.

Alle können beobachten, ob und wie sich die Eigenschaften und Qualitäten zeigen. Dies ermöglicht eine besondere Art von Orientierung. Der Blick auf Eigenschaften fordert und fördert den Austausch miteinander. Nicht nur der Austausch innerhalb der Organisation über Bereiche und Führungsebenen hinweg, sondern auch der Austausch mit Beteiligten am Rande und außerhalb der Organisation wird über Eigenschaften und Qualitäten aussagekräftig und sehr konkret.

Auch die Frage, ob ein Veränderungsvorhaben besser kontinuierlich oder disruptiv gestaltet werden soll, lässt sich nach dem Konzept der Organisation N.N. auf Basis der gewählten Eigenschaften entscheiden, die in der kommenden Phase die Entwicklung auszeichnen sollen.

Praxisbeispiel:
Vertraut mit den Gedanken der Organisation N.N. formulierten die Bereichsleiter einer Landessparkasse:
„In den kommenden Monaten wollen wir unser Bereichsleitermeeting beweglich, schräg, kreativ und fließend gestalten, damit wir den Wandel unseres Institutes gut steuern und bewältigen können."

Auf Basis der gewählten Eigenschaften **erfindet jedes Unternehmen seine passende Form,** seine neuen Spielregeln und Methoden der Steuerung und Führung. In diesem Such- und Findungsprozess wird das kreative Potenzial von Einzelnen und Teams sichtbar und wirksam.

Im Rahmen eines unserer Forschungsprojekte 2016/17[8] über die Wirksamkeit und Bedingungen neuer, agiler, sozial innovativer Formen der Steuerung wurde deutlich, dass Vertrauen in die Mitarbeitenden und Zutrauen in deren Fähigkeit zur Selbstorganisation und selbstverantworteten Zusammenarbeit der Schlüsselfaktor ist.

Immer weniger Unternehmen gehen davon aus, dass neue Strukturen und Prozesse nur von speziellen (meist externen) Expertinnen und Experten konzipiert und dann über sogenannte „Roll Out" implementiert werden können.
Wenn Mitarbeitende eingeladen werden, über zukünftige Eigenschaften der Organisation nachzudenken, stellt sich heraus, dass dieser Weg viele zu Organisationsexpert*innen macht.
Mit Eigenschaften lassen sich die Qualitäten von Entscheidungsprozessen, Spielregeln der Führung, der Koordination, Information und Kooperation sowie die Gestaltung des Zahlenmaterials und des Controllings charakterisieren.
Es ist erstaunlich, wie einfach dann aus Eigenschaften konkrete Formen, Formate und Strukturen entwickelt werden können.

Als Beteiligte am Entstehungsprozess wissen und verstehen die meisten, was und warum besonders wichtig zu beobachten ist und wie das Navigieren in Zukunft funktioniert.
Wenn Ihre Mitarbeitenden die notwendigen Eigenschaften entdecken und daraus die passenden Formen des Organisierens entwickeln, dann ist Organisation nichts Kaltes, Seltsames, Fremdes, sondern wird ein lebendiger Organismus,, um den die Beteiligten sich verantwortungsvoll kümmern werden.

Die jeweils festgelegte Organisation wird immer wieder zur offenen, leeren Organisation N.N. in einem lebendigen Prozess von Korrektur und Selbstanpassung.

---

[8] genauere Infos auf https://redmont.biz/lektuere

Die Organisation N.N. schafft sich so Routinen innovativer Selbsterneuerung.

Unbestimmtheit charakterisiert lebendige, komplexe, dynamische Systeme – das unterscheidet sie von technischen Systemen. Diese sind zwar kompliziert und können die Anwender*innen durchaus zur Verzweiflung bringen. Für Expert*innen sind sie (meist) durchschaubar, berechenbar, sie müssen nur die internen Kausalitäten kennen, um zu wissen, was zu tun, welcher „Knopf" zu betätigen ist[9]. Unbestimmtheit konfrontiert jedoch das Wissen über mögliche Zusammenhänge mit dem Nicht-Wissen (-Können). Im Feld der Komplexität kann man die richtigen Schritte nicht „ableiten", man muss sie entscheiden. Um in diesem „Flirren" zwischen Bestimmt und Unbestimmt, zwischen Stabilität und Überraschung risikobewusst und verantwortungsvoll bestehen zu können, gewinnen Aufmerksamkeit und Achtsamkeit eine operative Funktion und höchste Bedeutung.

Beobachtungsfähigkeit ist eine Voraussetzung, um in komplexen Situationen sinnvoll entscheiden zu können.

Und wenn Beobachtung so wichtig wird, sollte sie nicht unbeobachtet bleiben. Pflegen Sie diese neue Kernkompetenz! Fragen Sie:
➢ Was beobachten wir derzeit besonders genau?
➢ Wer beobachtet was? Wer bewertet welche Handlung wie?
➢ Wie werden diese Beobachtungen kommuniziert, gedeutet und bewertet?
➢ Was haben wir weniger im Fokus?
➢ Worauf sollten wir mehr achten?
➢ Welche Annahmen stehen hinter unserer Art zu beobachten und zu bewerten?
➢ Zu welchen Entscheidungen und Handlungen führen sie?
➢ Wie wird dann darüber geredet?

---

[9] „Dem Ingeniör ist nichts zu schwör" (Zitat Daniel Düsentrieb)

Das klingt vielleicht mühevoller und aufwendiger als es ist, aber vor allem: Es lohnt sich! Denn dieser reflexive Blick auf sich selbst ist die Basis für klare Erkenntnisse und zukunftsweisende Entscheidungen.

Praxisbeispiel: aus einem großen Fertigungsunternehmen: Nach einer gemeinsamen Überlegung, welche Eigenschaften die täglichen Abstimmungen haben sollen, einigten sich Schichtführer, Meister, Fertigungsleiter und Werksleitung auf: *„rasch, spannend, orientierend, locker, miteinander reden, aber nicht herumreden".*

Was leiteten sie daraus ab? Sie warfen den langen Konferenztisch raus, den sie vom alten Vorstand geerbt hatten, wechselten zu einfachen runden Stehtischen, montierten Whiteboards, strichen den Raum mit hellen Farben und fertigten Fragecharts an, die ab da die tägliche Frühbesprechung strukturierten:

- ➤ Was haben wir gestern und in der Nachtschicht für die Kunden X und Y produziert?
- ➤ Was ist uns, bezogen auf unsere Kriterien, besonders gut gelungen? Worauf sind wir stolz und worauf haben wir da geachtet?
- ➤ Was lief schief, was haben wir da übersehen?
- ➤ Welche Schlüsse ziehen wir daraus?
- ➤ Worüber sind wir uns sicher, was ist unklar, ungewiss?
- ➤ Worauf sollten wir mehr achten?
- ➤ Was ist der Fokus heute, bei den Kunden A, B, C?

In der wöchentlichen Werksbesprechung werden zusätzlich noch folgende Fragen gestellt:
- ➤ Wie beschreibt wer von uns Kunden, Mitbewerber, Markt, Stakeholder?
- ➤ Was leiten wir aus diesen Beschreibungen ab?
- ➤ Welche Annahmen stehen hinter unseren Behauptungen?

Was zeichnet eine Organisation aus, die sich erfolgreich im Feld der Unbestimmtheit bewegt?

Wörter sind keine Floskeln, sie kreieren Fakten

Vertrauen, Glaubwürdigkeit, Respekt und Wertschätzung, Nachvollziehbarkeit, Fairness, Verbundenheit und Selbstverantwortung haben an *realer* Bedeutung gewonnen. Diese Begriffe, die auch bisher Unternehmengrundsätze schmückten, werden jetzt zum Maßstab des Vergleichs. Stimmen die beobachteten Handlungen mit den Beschreibungen im Internetauftritt oder in den Unternehmensbroschüren überein? Wenn nicht, wird der Unterschied zum Gegenstand ernstzunehmender Auseinandersetzungen, an denen sich die Lebensfähigkeit der Organisation mitentscheidet. Flexibilität, Innovationsfähigkeit, das Erkennen und Nutzen von Chancen und Risiken sind ohne eine Unternehmenskultur, in der die oben genannten Attribute gelebt werden, nicht mehr möglich. Sie sind für Aufmerksamkeit, Mitdenken und Mitverantwortung unverzichtbar.

Soziales Miteinander ist ein ökonomischer Erfolgsfaktor

Entwicklung bewegt sich in einer „kybernetischen Spirale", in der die Wechselwirkungen aller Elemente zwischen Organisation – Lieferanten – Kunden – Share- und Stakeholdern beobachtet und für Ko-Kreationsprozesse genutzt werden. Es reicht nicht mehr aus, Organisationen nur als Betrieb (nach den Paradigmen der Betriebswirtschaftslehre) zu verstehen und dementsprechend zu be-handeln, zu „bewirtschaften". Fragen der Motivation, der Emotionen, der Gruppendynamik und anderer personenbezogener und kommunikativer Aspekte tragen wesentlich zum Verständnis der zunehmende Dynamik und Widersprüche in einer Organisation bei.

Verständigung führt zu Verstehen

Eine Verständigung über Vielfalt und Widersprüche, getragen von Klarheit, Humor und Gelassenheit, hält die Organisation beweglich und experimentierfreudig. Führung fördert die interessierte, aufmerksame Beobachtung (siehe S. 37) und eine Kommunikation, die Irritation statt Beruhigung und Bestätigung der gängigen Annahmen (vor allem der Mächtigen) fördert.

Flexible Verlässlichkeit – das Jonglieren mit Paradoxien

Die Kombination aus Flexibilität und Verlässlichkeit wird zur paradoxen Orientierungsgröße. Dieser Widerspruch wird genutzt, um zu entscheiden, worauf zu achten ist: Welche Prozesse mussen stabil, welche müssen variiert, instabil gehalten werden? Eine Grundvoraussetzung für das Spielen mit Paradoxien ist ein kurzes, reflektierendes Innehalten, um Schritt für Schritt leichtfüßig voranzuschreiten.

Kontinuierlicher Wandel als Wesenselement

Sie kennen den typischen Verlauf von Change: Projekt initiieren – organisieren – Meilensteine planen – umsetzen – konsolidieren – Routinen pflegen – den Status quo infrage stellen – das nächste Change-Projekt initiieren.

Und Sie haben sicher auch die Erfahrung gemacht, dass sich diverse Projekte überlagern, manche nicht zu Ende geführt oder anders umgesetzt werden.
Der Change-Rhythmus ist meist hektisch, dissonant und erzeugt Stress.
Wenn der Wandel als stetiger Prozess verstanden wird, kann er wie ein fließender, eleganter, dynamisch-gelassener Tanz gestaltet werden[10]. Ein Tanz, der wie beim Tango Argentino die Bewegungen des Gegenübers (Kunden, Shareholder, Mitarbeitende, …) als

---

[10] Anlehnung an ein Bild von Heinz von Förster

Impuls aufnimmt und aus einer Mischung von bekannten Elementen und überraschenden Improvisationen nächste Akzente und neue Impulse setzt.

Oder nüchterner gesagt: Das Balancieren von Verlässlichkeit und Stabilität versus flexible Anpassung und Gestaltung wird durch einen permanenten Prozess von Beobachten und Adaptieren des Außen mit dem Innen, nochmaligem Beobachten und erneutem Anpassen gewährleistet.

Innovative Unternehmen sind **„evolutionsfähig".** Das bedeutet zu erkennen, wie die eigene Organisation (und mit ihr das Management) Optionen variiert, wonach sie selektiert und mit welchen Mechanismen sie sich stabil hält. Das Unternehmen erkennt seine Muster des kontinuierlichen Wandels, lässt bewusst mehr Instabilität zu und behält diese verlässlich im Blick. Und genau das leistet das Prozessdesign der Organisation N.N. Es schafft die Voraussetzungen, mit der Komplexität – und nicht gegen sie – zu steuern und zu gestalten.

Experimente sind selbstverständlicher Teil des Organisierens. Damit eröffnet man dem Unternehmen neue Optionen, um zu entdecken und zu lernen, wie Themen, die im bestehenden Modus inhaltlich, zeitlich oder sozial nicht mehr adäquat bewältigt werden konnten, zu lösen sind.

Praxisbeispiel:
Der Vorstand eines internationalen Industrieunternehmens erkannte, dass bestimmte wichtige Themen (langfristige strategische Fragen der Nachhaltigkeit oder persönliche, emotionale Aspekte, Erwartungen aneinander, ...) im bisherigen, „normalen" Modus der Abstimmungen (mit bestimmten Meeting-Ritualen, zeitlichen und räumlichen Rahmenbedingungen) nicht adäquat bearbeitet werden konnten. Nach einem erstaunlich kurzen Brainstorming hatte das Führungsteam einen neuen Modus kreiert und sich diesen „selbst verordnet". Ein Teilnehmer berichtete: *„Unsere ‚Free Style*

Vorstandssitzung' findet jeden Montag im Haus des CEO mit gemeinsamem Frühstück statt. Damit haben wir sichergestellt, dass wichtige Themen, die uns persönlich und gemeinsam tangieren, die aber durch bestimmte formale Priorisierung keinen Platz hätten, ihren Ort und ihre eigene Bearbeitungszeit bekommen."

Der neue Rahmen eröffnete eine neue Gesprächskultur:
„Wir tun so, als wären wir jetzt ganz frei von unserer Vorstands-verpflichtung, und damit können wir ihr dann besonders effizient nachgehen".

Ein gutes Beispiel für gemanagte Paradoxie als Voraussetzung von Kreativität und ein kluges Spiel mit dem nützlichen „Als ob".

Praxisbeispiel:
Als sich der Gründer und – von den meisten sehr geschätzte – Patriarch aus der Geschäftsführung eines Automotiv-Unternehmens zurückzog, wurde der neuen Führungscrew klar, dass sie das Unternehmen nur dann wirkungsvoll leiten kann, wenn sie – trotz aller Wertschätzung – zur bisherigen Form der Steuerung einen Unterschied markiert. Aber welchen? Sie entschied sich für eine *„offene Teamführung"*. Um diesen Kulturwechsel deutlich zu machen, nutzte sie eine der üblichen Veranstaltungen mit allen Führungskräften zu einer überraschenden Inszenierung:
Die Mitglieder des Führungsteams setzten sich in einem Halbkreis auf die Bühne und diskutierten – in einer nicht geprobten Form – folgende Fragen:
➢ Wie wollen wir zukünftig Führung und Kommunikation gestalten?
➢ Wo sehen wir Unterschiede und Gemeinsamkeiten?
➢ Welche Chancen und Risiken verbinden wir damit?
Nach ca. 25 Minuten luden sie die Anwesenden ein, sich an diesen Überlegungen zu beteiligen.

Dieses Experiment ist ein weiteres gutes Beispiel für erfolgreiches, originelles Paradoxie-Management: Das Geschäftsführungsteam zog eine Grenze („Wir auf der Bühne") und öffneten sie gleichzeitig („Ihr könnt unseren internen Gesprächen zuhören und uns befragen").

Eine wirkungsvolle Intervention mit geringem Aufwand in die Organisationskultur, aber mit nicht unbeträchtlichem Risiko! Denn an diesen Signalen muss sich die Geschäftsführung natürlich in Zukunft messen lassen. Um deutlich zu machen, dass es ihr nicht um Show ging, initiierten sie *„AGAP"* = „Aus Ganz Anderer Perspektive". AGAP ermuntert Mitarbeitende und Führungskräfte dazu, Vorschläge und Ideen für sachfremde Disziplinen zu entwickeln: Produktionsexpertinnen und Technologen entwerfen Tools für die Finanzsteuerung, der HR-Bereich entwickelt Vertriebskonzepte, eine gemischte Gruppe von Sachbearbeiterinnen und Sachbearbeitern entwickeln Konzepte für die Unternehmenssteuerung u.a.m. In interdisziplinären Entwicklungsforen wird darüber beraten und über Erprobungsprojekte entschieden.

Alle wissen - alles ist Entscheidung

Die klassische Trennung zwischen den Ebenen der Informationsbeschaffung und der Entscheidungen über Strategie und Taktik suggeriert, dass das „Sammeln" von Daten ‚entscheidungsfrei' sei. Es wird so getan, als ob die Expert*innen im Auftrag von Führung nur *Fakten* zusammentrügen, dabei bleibt aber verdeckt, nach welchen Prämissen selektiert wird. In einer *achtsamen* Organisation hingegen schenken die Beteiligten den zugrunde liegenden Selektionskriterien und Annahmen erhöhte Aufmerksamkeit. Es wird sichtbar gemacht und begründet, was Eingang in Entscheidungsvorlagen und Konzepte findet – und was nicht. Ein hohes Maß an Selbststeuerung erfordert gerade an den Außengrenzen eine aufmerksame Wahrnehmung und Kontrolle der Art von Daten, die zum inneren Geschehen beitragen.

Wenn es wirklich um Entscheidungen geht und nicht um Routinen, trifft man stets auf das Unentscheidbare[11], das überhaupt erst zu einer Entscheidung aufruft. Gemeint ist damit das Entscheiden über Risiken und Chancen in eine stets unbekannte Zukunft hinein.[12] Organisationen sind immer mit einer Fülle des Unentscheidbaren – vom Alltäglichen über Prämissen bis hin zu Strategien – konfrontiert. An diesen Prozessen reproduziert sich die Organisation und schafft sich über das Prinzip des „temporär Gültigen" die Basis, Entscheidungen jederzeit neu treffen zu können.

Im Umgang mit Entscheidungen kann man zwischen zwei grundlegenden Typen unterscheiden: [13]
Typ 1 –Entscheidungen, die im täglichen Arbeitsgeschehen zu treffen sind und die sich aus der Erfahrung, der Sachkenntnis und der Einschätzung von Dringlichkeiten ableiten lassen. Das sind alle Entscheidungen, die auf der sogenannten Sachbearbeitungsebene getroffen werden können.
Typ 2 –Entscheidungen über Entscheidungsprämissen. Gemeint ist das Setzen von Rahmenbedingungen und Kriterien (Werte, Ziele, Grundregeln, Ableitungen, Strategien, ...), nach denen Entscheidungen vom Typ 1 zu treffen sind. Typ-2-Entscheidungen sind stets Entscheidungen des *Führungssystems* (nicht unbedingt einzelner Führungsrollen).

In der klassischen Hierarchie sind die Typ-2-Entscheidungen aus gutem Grund außer Frage gestellt. Sie müssen befolgt werden, ohne hinterfragt zu werden. Durch die Logik der Hierarchie wird Klarheit und Effizient sichergestellt.
In einer Organisation, die sich im Feld der Unbestimmtheit bewähren muss, gilt ein anderes Spiel:

---

[11] Vgl. Heinz von Förster in: Buchinger, Schober, Das Odysseusprinzip. Schäfer-Pöschl 2006, Die Kunst des richtigen Entscheidens
[12] Siehe Buchinger & Schober (2006): Das Odysseusprinzip: Leadership revisited. Stuttgart: Klett-Cotta (Kapitel 8.4: Die Kunst des richtigen Entscheidens)
[13] Siehe Dirk Baecker (2011): Organisation und Störung. Berlin: Suhrkamp. S.24

Auch Entscheidungen über Entscheidungen sollen – bewusst und ganz formal – an *beobachtete Beobachtungen* rückgebunden werden können. Das hat weitreichende Folgen, denn damit wird es schwer, sie zu nicht mehr hinterfragbaren, abstrakten und scheinbar objektiven „Sachzwängen" (Zahlen und Algorithmen) zu transformieren. Im Gegenteil – die Zahlenlogik der Betriebswirtschaft kann zum Gegenstand der kritischen Reflexion werden – manchmal durchaus lohnend, wenn versteckte Risikopotenziale frühzeitig entdeckt werden.

Wenn man nicht mehr von der einzig richtigen Entscheidung ausgehen kann, müssen Strukturen geschaffen werden, um lernen zu können. Damit werden mittel- und langfristig Ressourcen und Nerven geschont. So würde sich das Management hüten, aufgrund der Empfehlung von einem Beratungsunternehmen das gesamte Unternehmen auf eine Matrixorganisation mit allen IT- und Trainingsmaßnahmen umzustellen. Es wird vielmehr einen Geschäftsbereich suchen, wo es sinnvoll scheint, unterschiedliche Struktur-„Logiken" neu zu verknüpfen, in einem anderen verstärkt projektorientiert zu arbeiten und im dritten die gut eingeführte Linienlogik ein wenig zu optimieren.

Da man um die temporäre Gültigkeit von Festlegungen weiß, ermöglichen es die Steuerungs- und Führungsprinzipien, Entscheidungsprozesse zu verlangsamen oder zu beschleunigen, Autonomie zu fördern und zugleich Bindungen sicherzustellen.

Praxisbeispiel eines IT-Unternehmens:
Mittels einer Art Soundingboard im Intranet können zu einem Entscheidungsvorschlag einen halben Tag lang Bedenken eingebracht werden. Anschließend bewerten „Mini-Entscheidungsteams", welche Hinweise und Bedenken bedacht werden müssen. Interdisziplinäre Teams entwickeln in einem weiteren halben Tag Lösungsvorschläge, die unmittelbar in überschaubaren Experimenten umgesetzt werden.

Den Menschen nutzen – die Strukturen variieren

Agile Organisationen verlassen sich nicht mehr (alleine) auf Struktur und klare funktionale Zuordnungen, sie nutzen vermehrt die Intelligenz, Aufmerksamkeit und Schnelligkeit der einzelnen Menschen und deren wechselnde interdisziplinäre Zusammenarbeit – eine Zusammenarbeit, die durch Führung gefördert, in die aber nicht unmittelbar eingegriffen wird.

Praxisbeispiel:
Der erfolgreiche österreichische Büromöbelhersteller Blaha hat mit dem Leitsatz „Tagesgeschäft ist führungskräftefrei" sichergestellt, dass die autonomen Arbeitsteams tatsächlich ihre Aufgaben und Probleme selbst lösen können.

Wenn die Orientierung an Sinn, Verbundenheit und Entwicklung zum Alltag von Führungskommunikation gehört, dann wissen Mitarbeitende, worauf es ankommt, wenn man sie nur lässt. Dann können die jeweiligen Funktionalitäten unterschiedlicher Ordnungsprinzipien jenseits ideologischer Fixierungen erkannt, bewusst genutzt und als Entlastung interpretiert werden.
Die Hierarchie z.B. ermöglicht eine relativ präzise Zuordnung von Verantwortungsbereichen und begrenzt damit auch die Zugriffsmöglichkeiten der Führung. Die Spielregeln sehen klar definierte Punkte (Sachverhalte, Stellen, Zeiten) des Eingreifens und gezielter Irritationen durch die „Übergeordneten" vor. Außerhalb dieser – meist erwartbaren – Ereignisse können sich Mitarbeitende ungestört auf ihre Arbeit konzentrieren.
Im Unterschied dazu haben in heterarchischen Strukturen – je nach Situation, Erfordernis und Kenntnisstand – unterschiedliche Personen/Funktionen Interventions- und Durchsetzungsmacht. Alle müssen stets mit überraschenden Interventionen von Gleich und wechselnd Höhergestellten rechnen und entscheiden, ob und wie man deren Überlegungen und Erwartungen berücksichtigt oder nicht.

Die zielgerichtete Koordination von autonomen Einheiten auf gleicher Ebene, erfordert – wie bei einem Fußballspiel – höchste Aufmerksamkeit aller aufeinander, die Bereitschaft, jederzeit einbezogen („angespielt") zu werden, unmittelbar zu entscheiden, zu handeln und bei diesen Handlungen auch die Möglichkeiten der anderen zumindest im Fokus zu haben („Gebe ich den Ball weiter oder dribble ich selbst zum Tor?").

Selbstorganisation lebt von der Bereitschaft der Einzelnen, ihre Intelligenz und ihr Engagement der Organisation zur Verfügung zu stellen. Eine Bereitschaft, die nicht „gekauft" oder eingefordert werden kann, die jedoch – wie schon öfter genannt – durch Sinn, Verbundenheit, Entwicklung entsteht.
Um aus der Orientierung an Sinn kraftvolle Energie und neue Perspektiven zu gewinnen, genügt eine kleine semantische „Verschiebung".
Statt zu fragen: „Wie kann unser Unternehmen in einer so komplexen Welt erfolgreich *überleben?"*, können Sie folgende Fragen ausprobieren:

➢ Was ist für uns ein lebendiges und lebenswertes Unternehmen?
➢ Wie tragen wir zu einer lebenswerten Umwelt bei?
➢ Mit welchen Kunden und Lieferanten wollen wir in einen lebendigen Austausch treten?

> Wie können wir in unserer Organisation Lebensfreude realisieren?
> Wie *leben* wir unsere strategische Ausrichtung, unsere Werte, unser tägliches Zusammenwirken?

Sicherheit und Beweglichkeit im Unvorhersehbaren

Planung hat in dynamischen Umwelten nur scheinbar eine entlastende Funktion, um ins unbekannte Morgen aufbrechen zu können. Tatsächlich ist sie eine meist wunderschöne Illusion, die zerbricht, sobald das zum Heute gewordene Morgen andere Wirklichkeiten bereitstellt. Planungsdaten abstrahieren Wunschvorstellungen in Zahlen, Umsätze, Gewinne, Kosten, Personal, usw., es sind Abbildungen von Vermutungen, getragen von Erfahrungen aus der Vergangenheit und der Hoffnung, dass diese von der Zukunft nicht so sehr abweichen mögen.[14] Aber sie können nicht mehr die Landkarten für den Weg in die Zukunft zeichnen, die dem Management helfen, sich besser orientieren zu können. Manchmal kennt man die Landschaft noch gar nicht. Um trotz dieser Unvorhersehbarkeit (Preisschwankungen der Rohstoffe, Aktienkurse, die nichts mehr mit der Realwirtschaft zu tun haben, neue, überraschende Geschäftsmodelle, etc.) handlungsfähig zu bleiben, wird so getan, „als ob" die Prognosen stabile Orientierungsgrößen lieferten. Ein riskantes Unterfangen. Muss sich das Unternehmen (oder ein Projekt) in einer höchst dynamischen Umwelt bewähren – in einer Welt mit vielen Mit-spielenden, die nach kaum berechenbaren Strategien agieren und in der kaum eindeutige Muster erkennbar sind – dann braucht das Unternehmen eine spezifische Kompetenz von Beweglichkeit und Umsichtigkeit.

Die Prinzipien der Organisation N.N. nutzen die praktische Fähigkeit von Einzelpersonen und Teams, autonom und achtsam

---

[14] Dennoch wird man nicht auf Messgrößen verzichten, denn sie vereinfachen die Kommunikation und verdeutlichen Unterschiede.

zu handeln. Das Umfeld im Blick habend, das übergeordnete Ziel nicht aus dem Blick verlierend, erkennen sie Chancen, entscheiden spontan, korrigieren Fehler – wer auch immer sie verursacht hat – rasch, warten nicht ab, ob sie Anweisungen für einen anderen Weg erhalten, sondern handeln eigenständig, klug und intuitiv. Sie erkennen und nutzen die **Situationspotenziale**.[15] Da in Netzwerken jede Beziehung „unberechenbar austauschbar"[16] ist, genügt es, statt Ereignisse vorherzusehen, deren potenzielle Auswirkungen einschätzen zu können. Es genügt, abschätzen zu können, was geschehen würde, wenn ein erfolgskritischer Prozessschritt durch *irgendein* Ereignis ausfällt.

Praxisbeispiel:
Für die Luftfracht von A nach B ist es unerheblich, ob der Luftraum wegen eines Vulkanausbruchs oder eines Lotsenstreiks lahmgelegt wird: Haben die Logistiker*innen genügend Varianten simuliert und den möglichen Stillstand eines der Kernprozesse frühzeitig erkannt, können sie auf Alternativen zurückgreifen, unabhängig vom Grund des Ausfalls.

Freude am Widerspruch – das Nutzen von Paradoxien

Kultur ist die unsichtbare, sehr wirksame Hand in der Organisation. Sichtbar sind nur beobachtbares Handeln, Rituale, Inszenierungen von Entscheidungsprozessen, Meetingverläufe, das Setzen und Durchsetzen von Prioritäten und die dadurch hervorgerufenen Resonanzen, der beobachtbare Erregungsgrad in Diskussionen, die verwendeten Begriffe. An gezeigten Irritationen wird man entdecken, was an Werten, Entscheidungsprämissen und Regeln in die Kultur eingeschrieben ist. Manchmal entdeckt man erst über einen Verstoß die ungeschriebenen Gesetze, die

---

[15] Vgl. Francois Jullien (1999): Über die Wirksamkeit. Berlin: Merve-Verlag
[16] Siehe Dirk Baecker (2007): Studien zur nächsten Gesellschaft. Frankfurt: Suhrkamp, S.22 Ebenda, S.23

etablierten Erwartungen und kann dann entscheiden, ob neue Handlungsweisen zu „erlauben" wären. Widerspruch, Widerstand und Paradoxien verweisen nicht auf eine „falsche" Organisation, sondern sind Quelle für den steten Wandel. Statt zu versuchen, die Polaritäten von Paradoxien verschwinden zu lassen, lässt sich allerlei aus der Spannung des „Dazwischen" und des „Abstands"[17] gewinnen. Denken Sie an das klassische Paradoxon von Vertrauen und Kontrolle. Angemessene Kontrolle wirkt nicht als einengende Begrenzung, sondern hat die Qualität von aufmerksamer Beobachtung, von ergänzenden Blicken und Support. Wie der Partnercheck beim Klettern: Ich kann darauf vertrauen, dass mein Partner kontrolliert, wie ich mich anseile und beobachtet, wie ich meine Griffe und Tritte setze, und somit mein Vorankommen und Überleben sichert. Kontrolle wird zur effizienten Begleiterin von Komplexität und Vielfalt; sie achtet darauf, wie Prozessschritte, Rahmenbedingungen und der geplante Einsatz von Ressourcen eingehalten werden, und macht auf nicht vorhergesehene oder nicht berücksichtigte Ereignisse und Situationen aufmerksam. Dieses Verständnis und Erleben von Kontrolle wird nur in einer Kultur von Vertrauen entstehen.

Mut zum fröhlichen, konstruktiven Streit

Dissonanzen und Erwartungsenttäuschungen sind erwünschte Indikatoren, denn sie machen deutlich, dass die Organisation ihre Lebenschancen im Fokus hat. Daher sind die daraus entstehenden Konflikte nicht das Problem, sondern schon immer Teil der Lösung. Eine konstruktive Streitkultur steht nicht im Gegensatz zu Verbundenheit. Verbundenheit schafft einen Rahmen des Vertrauens, der es ermöglicht, Unterschiede erst in Beziehung zueinander deutlich herauszuarbeiten und aus dem Spannungsfeld neue Erkenntnisse zu generieren.

---

[17] Vgl. Francoise Jullien: „Es gibt keine kulturelle Identität" Suhrkamp 2017

Eine konstruktive Streitkultur lädt zum „fröhlichen Streit", zum „fröhlichen Diskurs" ein.
Das öffnet den Vorhang zum:
„Es könnte auch anders richtig sein", zum „Wir könnten Wichtiges nicht gesehen haben". Der fröhliche Streit erhält die Kultur lebendig, er macht die Widersprüche sichtbar und verhandelbar.

Führung verfügt über ein umfangreiches Rollenrepertoire und hat sich selbst im Blick

Das Management in der Organisation N.N hat nicht nur die Kunden, die Mitarbeitenden, den Markt, die Kosten, den Profit, die Prozesse und Strukturen im Blick, sondern immer auch sich selbst. Die Selbstbeobachtung läuft stets mit und ist z.B. Teil der Agenda von Meetings. Diese Form der Achtsamkeit macht Führung nicht nur in einer neuen Weise bedeutend, sie „energetisiert" das Feld von Führung.

Selbstbeobachtung ist die Voraussetzung für einen intelligenten Umgang mit der Unterscheidung von Wissen und Nichtwissen. Statt sich auf scheinbare Gewissheiten zu stützen, werden weiterführende Fragen gestellt. In periodischen Abständen lädt die Organisation „Außenperspektiven" (Kunden, Berater*innen,

Zellen von Querdenkenden) ein, um sehen und erkennen zu können, was bisher nicht gesehen und erkannt wurde. Das erleichtert eine dynamische Balance zwischen dem Nützen erfolgreicher Routinen und Erfahrungen und dem Suchen nach Neuem. Es öffnet den Blick darauf, welche Routinen bloß bremsende Wirkungen haben bzw. wo neue Bremsen installiert werden müssen, wenn das Tempo zu risikoreich wird.

Das Handhaben von Komplexität gelingt jenen Führungskräften besser, die über ein breites Rollenverständnis und umfangreiches Rollenrepertoire verfügen. Je nach Situation

- agieren sie als Leader,
- geben Impulse,
- ermutigen sie, Neues zu wagen,
- verdeutlichen sie den übergeordneten Sinn,
- schaffen sie Rahmenbedingungen, in denen sich alle sicher fühlen,
- achten sie auf Entspannung und Entlastung,
- regen sie zu Reflexionen an,
- stellen sie einfach nur Fragen,
- treffen sie knallharte Entscheidungen und setzen sie um.

Außerdem

- erkennen sie, was sie und andere unterlassen können, um Entwicklungen zu ermöglichen.
- achten sie auf jene Dimensionen, die bestimmtes Handeln wahrscheinlicher machen, z.B. welche Bonifikationen welche Verhaltensweisen auslösen und welche unerwünschten Nebenwirkungen dabei auftreten könnten.
- sind sie sparsam mit Appellen und fördern stattdessen über Dialoge den Sinn für Verantwortung.

Die bewusste Unterscheidung von Beobachtung und Bewertung, von Richtig und Angemessen

Auch mit Big Data Analysen sollte man auf Einschätzungen „menschlicher Beobachtersysteme" nicht verzichten.
Ergebnisse der Marke „Objektivität" sollten durch folgende Fragen überprüft werden:

- Was wurde in die Beobachtungen einbezogen, was wurde nicht beachtet?
- Womit wird das Bewertete verglichen?
- Von welchen Referenzebenen wurde ausgegangen (das Vorjahr, der größte Konkurrent, der wichtigste Unternehmenswert, die Vorlieben des Vorstands)?

Jedes System – und das gilt auch für Unternehmen – kann sich nur im Kontext seiner Umwelten entwickeln. Wenn es diese zu sehr belastet, gefährdet es sich letztendlich selbst.
Der alte Begriff Angemessenheit würde sich daher als Orientierungsgröße gut eignen.
Da einfache Unterscheidungen wie gut/schlecht, richtig/falsch oder wahr/unwahr in komplexen Sachverhalten nicht mehr eindeutig zu treffen sind, bietet sich die Leitdifferenz *angemessen/unangemessen* für die Bewertung von Handlungen und Strategien an. Diese umfasst interne und externe Faktoren, wie Kunden, Konkurrenten, Mitarbeitende, Führungskräfte oder das Agieren des CEO auf einer Pressekonferenz, etc.
Angemessenheit wird in die Abstimmung über Bezugsrahmen, gewünschte Eigenschaften, Werte und Visionen einbezogen.
Dabei darf auf die persönliche Einschätzung, das „Augenmaß", vertraut werden.

Vielfältige Perspektiven nutzen

Unterschiedliche Interessenslagen, Rollen, Erfahrungen und Wünsche führen zu unterschiedlichen Perspektiven, zu unterschiedlichen Beobachtungen und Bewertungen, die wertvolle Informationen liefern und passende Entscheidungen wahrscheinlicher machen.

Mit diesen und ähnlichen Fragen können Sie intensive Lernprozesse stimulieren:

➢ Bei welchen Themen in letzter Zeit haben uns die unterschiedlichen Perspektiven geholfen, zu angemessenen Entscheidungen zu kommen?

➢ Bei welchen Themen waren wir zu ungeduldig, die Unterschiede zu klären? Welche positiven/negativen Auswirkungen hatte das?

➢ Welche Fehler haben uns zu überraschenden, neuen Erkenntnissen geführt?

➢ Wo kam es anders, als wir vereinbart hatten, und was wurde dadurch ermöglicht?

➢ Wo wurde eine Seite einer Paradoxie überbetont? Welche Auswirkungen hatte das?

> Mit welchen Kriterien haben wir argumentiert, um die „Richtigkeit" einer Entscheidung zu begründen? Was wurde dadurch möglich, erschwert oder verhindert?

> Wann haben wir die Kriterien für „Richtigkeit" geändert? (z.B. Wann war die dezentrale Kreditentscheidung „richtig", wann die durch die Zentrale? Was war der Gewinn, was das Risiko?)

> Welche Beschreibungen – von wem – haben zu der Annahme geführt, wir müssten uns verändern?

Prinzipientreue wird mit Pragmatismus erweitert
Versuch und Irrtum ist eine nützliche Form des Lernens:

- Setzen Sie auf Perspektivenvielfalt und Dialog statt auf den Streit um Richtig und Falsch.
- Rechnen Sie nicht mit einer geordneten Welt – dann sind überraschende Ereignisse keine Störungen, sondern *normale* Herausforderungen, die nach Alternativen zum Bisherigen verlangen.
- Blicken Sie neugierig nach links und rechts, fragen Sie und lassen Sie sich in Frage stellen, statt engstirnig einen gewählten Kurs zu verfolgen.
- Strategische Konzepte sind Orientierungsgrößen und keine Disziplinierungsinstrumente, die Klugheit, Aufmerksamkeit und Intuition auszuschalten versuchen.

Offen für Vielfalt – Skepsis gegenüber vereinfachenden Erklärungen

Praxisbeispiel: (O-Ton eines Managers)
„Ich hatte immer schon Lust am Entdecken, ich muss nicht sofort wissen, wie es geht. Ich vermeide, neue Erfahrungen in bekannte Schubladen abzulegen. Wirklich neue Alternativen liegen außerhalb des bisherigen Denkrahmens und der bekannten Pfade."

Keine (falschen) Gewissheiten – sondern ein Spiel mit Annahmen

Die eigenen Gedanken erzeugen die Welt der Organisation. Unser Gehirn ist imstande, neue Fundamente zu bauen, neue Annahmen zu finden und diese wirksam werden zu lassen. Keine Organisation ist „in Stein gemeißelt", sie ist von Annahmen geprägt, die verworfen, variiert oder neu konstruiert werden können.

Im Kontrollieren schlummert der Keim des Unkontrollierbaren

Kontrolle erhöht nicht nur die Kosten, sondern auch die Komplexität, beides sollte jedoch reduziert werden.

Wichtige *Fragen* sind daher:
- ➤ Brauchen wir tatsächlich eine weitere Funktion oder ein neues Formular?
- ➤ Was macht uns sicher, dass die Kontrolle auch vernünftig und richtig kontrolliert?

Wenn grundsätzliches Vertrauen fehlt, kehrt sich Kontrolle in ihr Gegenteil!

Und immer wieder – die Beobachtung ist der Schlüssel

Das Unvorhersehbare wird oft nur deshalb zu einer Überraschung, weil man es nicht beobachtet hat und nicht benennen durfte. Menschen beobachten mit unterschiedlichen Erfahrungen und Ausrichtungen – sie sind das Potenzial, das geteilt und gehört werden sollte. Fragen und sich auf den Austausch von Bildern einzulassen bekommt mehr Bedeutung, als zu appellieren oder Zahlen in die Behauptungsschlacht zu werfen.
- ➤ Was können wir vereinfachen?
  Worin brauchen wir mehr Perspektiven und Abstimmung?
- ➤ Wie bekommen wir Nebenwirkungen in den Blick?
- ➤ Wie lernen wir, die Beobachtung zu beobachten?

Mitten im Sturm gelassenes Innehalten

Praxisbeispiel:
Unter dem Titel „Aus der Gelassenheit neue Kräfte gewinnen" zog sich das Krisenmanagement eines Herstellers von Kommunikationsnetzwerken drei Tage lang in die Berge zurück:
Der erste Tag war dem Abschalten gewidmet – Wandern, Atemübungen, ein Filmeabend. Am nächsten Tag ging es darum, sich der Fähigkeiten und Ressourcen bewusst zu werden, auch der bis dahin unbeachteten. Am letzten Tag konnten die mittlerweile gestärkten Teilnehmenden die Umwelten und die Situation als Chance beschreiben und die darin hineingewobenen Möglichkeiten und Potenziale entdecken.

Gelassenheit gönnt dem Geist und Verstand eine Verschnauf-
pause, ist Voraussetzung für kreatives Denken und öffnet die
Aufmerksamkeit auf kleine, neue Schritte, die aus den
emotionalen und gedanklichen Sackgassen hinausführen.

**Schöner arbeiten ist erwünscht – Ästhetik als Teil der
Unternehmenskultur**

Praxisbeispiel:
Klickt man auf der Website von Telehaase – ein Unternehmen der
Steuerungstechnik – die Frage an „Welche Grundhaltungen sind
für Euch wichtig?"[18], ist Folgendes zu lesen:
*Innovation entsteht durch das Zusammenspiel von 4
Grundhaltungen, die hier bei TELE gefördert und gefordert
werden:*

- *Schönheit*
- *Neugier*
- *Kompetenz*
- *Initiative*

*Wir mögen schöne Dinge und gehen mit offenem Blick durch die
Welt. Neue Entwicklungen, auch außerhalb unseres
Betätigungsfeldes, interessieren uns, weil sie uns zum Nachdenken
anregen. Innovation geschieht für uns im Dialog mit anderen –
intern, beim Kaffeeplausch aber auch in Kooperation mit Partnern,
Bildungseinrichtungen und Kunden. Fehlt uns irgendwo die
Kompetenz, etwas umzusetzen, holen wir uns das nötige Wissen
ins Haus. Entweder lernen wir selbst oder vertrauen dabei auf die
Expertise von Partnern. Dabei warten wir nicht darauf, dass uns
jemand „von oben" etwas anschafft, sondern ergreifen selbst die
Initiative und stürzen uns mit Feuereifer in die Umsetzung.*
Und diese Prinzipien werden tatsächlich gelebt.
Im Rahmen eines Erfahrungsaustausches tauchte die Frage auf:
„Achten Sie bei Meetings auch auf den Begriff „schön"?" Dieser
Impuls wurde mit Begeisterung aufgegriffen, eröffnete doch diese

---

[18] Siehe https://www.tele-online.com/menschen-
unternehmen/organisation/

scheinbare fremde Eigenschaft im Kontext Meeting den Blick auf Kommunikationsqualitäten, die viele schätzten und die Effektivität und Vermeidung von Langeweile sicherstellten.

Wie viele Produktionsunternehmen kennen Sie, wo der Begriff „Schönheit" eine so prominente Position einnimmt?

Da die Organisation N.N. eine zu gestaltende Form ist, können kreative Designs für Meetings, Projekte, Strukturen oder Verfahren entwickelt und zu eleganten und nützlichen Gesamtdesigns zusammengefügt werden. Die Ästhetik kann dabei die Zweckrationalität von Form ersetzen. Je nach Fokus und Prämissen entstehen Produkte und Dienstleistungen, die sich am Kunden ausrichten und zu Produktionsverhältnissen führen, die Freude und Lust am Arbeiten, am Entscheiden und am Übernehmen von Verantwortung hervorbringen können.

Und alle in der Organisation…

… beobachten und reflektieren:
Alle Beteiligten wissen und achten darauf, dass Entscheiden und Navigieren unter Bedingungen von Komplexität und Ungewissheit auf exzellente Beobachtungen angewiesen sind. Daher wird das Beobachten selbst und die Art, wie daraus Schlüsse gezogen werden, beobachtet und bewertet.

… entscheiden:
Alle Beteiligten wissen und achten darauf, dass jede Wahrnehmung, jede Handlung, jede Bewertung, jede Einschätzung von Risiken auf bewusst oder unbewusst getroffenen Entscheidungen basiert. Und Entscheiden heißt Verantwortung übernehmen – auf allen Ebenen.

... experimentieren und gestalten:
Alle Beteiligten wissen, dass in einem Feld von Komplexität
und hoher Ungewissheit durch Prognosen und Hochrechnungen
trügerische Illusionen erzeugt werden.

Es geht daher um Lernen aus Versuch und Irrtum, um
annäherungsweises Entwickeln und Ausprobieren, wie es
beispielsweise im Design Thinking angewandt wird.

... verstehen die Kunden, Märkte und Shareholder:
Alle Beteiligten wissen und achten darauf, dass jede unter-
nehmerische Einheit nur dann existenzberechtigt ist, wenn es für
deren Leistungen auch interessierte Abnehmer gibt, für die das
Produkt dieser Einheit Nutzen stiftet und Sinn macht.

Sechs Schritte zur Organisation N.N.

Die Art und Weise, wie Sie den Prozess für diese sechs Schritte gestalten (mit oder ohne externe Moderation), hängt von Ihren Erfahrungen, den Expertisen mit Workshops und dem Wusch ab, ob sie lieber auf Ihre bewährten Verfahren setzen oder neue Wege gehen möchten.

Schritt 1: Wie sehen wir uns und unser Umfeld jetzt?

Entwerfen Sie in einem wenig aufwändigen (Ihnen entsprechen-den) Vorgehen Bilder über die Ausgangslage. Bauen Sie in die Beschreibung und Analyse der aktuellen Situation Selbst-beobachtungen und Selbstbeschreibungen ein.

Beobachten Sie Ihre Art der Beobachtung:
➢ Wie kommen wir zu unseren Einschätzungen, Bewertungen?
➢ Wie werden die Vergangenheit, die Gegenwart und erste Aussichten auf die Zukunft beschrieben?
➢ Wie beschreiben wir unsere Kunden, Mitbewerber, die Gesellschaft, den Markt, Stakeholder?
➢ Welche Annahmen prägen unsere Bilder?

Skizzieren Sie:
➢ Warum wollen und warum müssen wir uns verändern?
➢ Was sind die Annahmen, die das Wollen und Müssen definieren?
➢ Was sind Aspekte der lustvollen Ausrichtung?
➢ Was sind Aspekte der Dringlichkeit?

Holen Sie zu diesen ersten Überlegungen die Sicht von (internen oder externen) Sparringspartnern ein:
➢ Worüber besteht Gewissheit?
➢ Was scheint ungewiss?
➢ Worin gibt es die größten Unterschiede?

Schritt 2: Was folgt diesen Erkenntnissen?

➢ Wie wollen wir auf Basis dieser Erkenntnisse weiter vorgehen?
➢ Welchen Prozess wollen wir aufsetzen?

➢ Wen wollen wir einbeziehen?
➢ Welche Formate wollen wir dazu nutzen (z.B. Sollen wir das Feld in einem Großgruppenprozess oder mit kleinen transdiziplinären Gruppen weiter „beackern"?)

Schritt 3: Die Ausgangslage vertiefen – Zusammenhänge erkennen und verstehen
Folgenden Gestaltungsfelder werden genauer analysiert und beschrieben:
1. Unsere Umwelten
2. Die aktuelle strategische Ausrichtung
3. Die sozialen Ressourcen
4. Unsere aktuellen Eigenschaften.

Auf Basis dieser ersten Analyse ist zu entscheiden:
➢ Welche der Gestaltungsfelder sollten genauer, umfangreicher untersucht werden?
➢ Wofür brauchen wir mehr Daten? (Was wird wie beobachtet? Was kann daher gesehen, was kann daher nicht gesehen werden?)
➢ Welche Annahmen sind tragend? Über welche wird gestritten?

Danach wird ein Gesamtbild erstellt, aus dem Zusammenhänge sichtbar und verstanden werden können.

Schritt 4: Unsere Zukunftsbilder – Eigenschaften und Qualitäten
➢ Wie wollen wir uns ausrichten?
➢ Worin werden in unserer strategischen Ausrichtung unsere Antworten auf die Erwartungen und Probleme der Kunden, die Herausforderungen des Marktes und auf die Erwartungen der Stakeholder und Shareholder deutlich?
➢ Was ist weiterhin durch unsere Sinngebung, unsere Überzeugungen bestimmt?
➢ Welche Organisation wollen wir in der nächsten Periode sein? Worum geht es in Zukunft, was ist der zentrale Fokus?

> Welche Eigenschaften und Qualitäten sind in nächster Zeit für unser Unternehmen wichtig, um auf die Erfordernisse und Herausforderungen angemessen reagieren zu können?
> Mit welchen Metaphern lässt sich dies gut beschreiben?

Schritt 5: Unser neues Organisations-, Steuerungs- und Führungsdesign

> Welche Steuerungsstrukturen, Prozesse, Kommunikationsformate, Rituale brauchen wir, damit wir die gewählten Eigenschaften auch verwirklichen können?
> Für welche Themen und Entscheidungsprozesse brauchen wir flexible oder agile Strukturen?
> Wie wollen wir die Anpassungen vornehmen?
> Wie wollen wir Führung und Steuerung gestalten, damit das Unternehmen bzw. der betroffene Unternehmensbereich die erforderlichen Eigenschaften entwickelt?
> Wie werden wir Kommunikation, Koordination, Kooperation und Kollaboration weiterentwickeln?
> Wodurch wird Engagement, Begeisterung für das Neue, Selbstverantwortung ermöglicht?
> Welche Werte, Prinzipien, Regeln werden uns dabei helfen?
> Wovon wollen/sollen wir uns verabschieden?

Schritt 6: Den Prozess des Wandels planen und gestalten

Woran werden wir erkennen, dass die gewünschten Eigenschaften erreicht sind?

> Was nehmen wir besonders in den Blick? Was lassen wir unberücksichtigt?
> Wie stellen wir sicher, dass wir den Verlauf der Umsetzung kontinuierlich beobachten und bei Bedarf unsere Umsetzungsplanungen anpassen können?
> Wie bewahren wir die Erfahrungen, die wir jetzt machen, um sie für die weitere Entwicklung zu nutzen?

Willkommen in der neuen Gegenwart!

In der nächsten Entwicklungsphase starten Sie wieder bei Schritt 1.

Mit Ungewissheiten planen, steuern entscheiden, transformieren

Agile Planung – agile Realisierung

„Planungsprozesse sind sadomasochistische Übungen, die jährlich, quartalsweise und monatlich über Organisationen hereinbrechen, ohne den Konkurs eines Unternehmensbereiches zu verhindern oder gar den Erfolg garantieren zu können."
(Zitat eines Topmanagers eines großen Dax-Unternehmens, der leider anonym bleiben möchte)

Einige Tipps, um die erlebte Differenz zwischen Planung und Realisierung lustvoller und kreativer zu bewältigen:

Verwenden Sie neue Begriffe, dann entstehen neue Bilder
Der Begriff „Planung" ist oft mehr belastet als der Prozess selbst. Nennen Sie ihn doch einfach „strategische Ausrichtung und präzise Vorbereitung". Die Zutaten (Entwerfen wünschenswerter Entwicklungen, Einschätzen erforderlicher Ressourcen, Setzen von Rahmenbedingungen und Eckdaten) bleiben natürlich die gleichen.

Schaffen Sie sich eine solide Grundlage für agiles Agieren
Dazu benötigen Sie:
- mehrdimensionales Wissen über die Felder, in denen Sie tätig sein wollen,
- gute Kontakte zu möglichst vielen Kunden, um zu verstehen, was diese bewegt,
- ein umfangreiches Bild der Ressourcen, über die ihre Organisation verfügt. Erforschen Sie die übergeordneten Kompetenzen Ihrer Mitarbeitenden, die über die vordergründigen, sichtbaren Fähigkeiten hinausgehen. Welche Qualitäten stecken in den Mustern der Kooperation

(„Wenn es wirklich eng wird, dann schaffen wir in Kürze alle Probleme!")?

Dann benötigen Sie keine genau ausgefeilten Konzepte und keine klugen Pläne, denn Sie und alle Beteiligten können die jeweiligen Fähigkeiten für den Umgang mit dem nicht Vorhersagbaren einsetzen.

Bleiben Sie offen für Kursanpassungen

Wie lässt sich Geplantes verwirklichen?

Müssen Veränderungen geradlinig mit (Überzeugungs-)Kraft, Macht und notfalls mit Gewalt *herbeigeführt oder um-gesetzt werden?* Das kann anstrengend werden!

Bleiben Sie beweglich und offen für Inputs Ihrer Weg-gefährt*innen – erkennen Sie neue Überlegungen, kritische Fragen oder Verweise auf bisher nicht Beachtetes als wichtige Aspekte am Weg der Realisierung.

Vertrauen Sie im entscheidenden Augenblick auf Ihre Eingebung

Selbst der Militärstratege Carl von Clausewitz, ein konsequenter Verfechter präziser Planung, hat auf die Grenzen des Modelldenkens hingewiesen:

Wenn es die Umstände erfordern, sind alle Modellbildungen und Pläne zu vergessen – dann kommt es auf die Intuition an und darauf, spontan das zu tun, was die jeweilige Situation ermöglicht und erfordert. Clausewitz rät: Wagen Sie einen Geniestreich!

Vertrauen Sie Ihren unternehmerischen Fähigkeiten und Ihrem Bauchgefühl – wagen Sie den Sprung, mit dem Sie sich mutig über alle Planungen der Stäbe und deren gesammelten McKinsey-Konzepte hinwegsetzen!

Schlagen Sie nach bei Homer

Dann erhalten Sie einen spannenden Einblick in die Trickkiste eines der berühmtesten Helden der Weltgeschichte, Odysseus. Odysseus geht mit Ungewissheit, Hindernissen, dem Unvorher-sehbaren äußerst kreativ um. Durch die Akzeptanz der Situation gelingt es ihm, jeweils das Beste aus allen Schwierigkeiten zu

machen und dabei konsequent seiner Vision treu zu bleiben.
Homer nennt ihn den Weisen, den Listenreichen, den
Erfindungsreichen.
Das wären doch auch gute Attributionen für Sie als Führungskraft,
oder?
Um erfindungsreich wie Odysseus zu sein, benötigen Sie:

- eine klare, emotional mächtige und tragende Vision,
- die Fähigkeit, dramatische Probleme zu reframen,
- die Klugheit, zu entscheiden, was an Irritationen
  kommunikativ zugelassen wird und was nicht (die Schiffs-
  mannschaft erfährt nichts von der Wirkung des Gesangs
  der Sirenen, weil ihre Ohren mit Wachs verstopft sind),
- die Bereitschaft, sich unterschiedlichen Perspektiven
  auszusetzen, ohne sich von verführerischen, aber falschen
  Versprechen vom Weg abbringen zu lassen,
- die Fähigkeit, Chancen zu erkennen, die selbst in
  ausweglosen Situationen verborgen sind,
- den Mut, Lösungsprozesse mit Witz und Frechheit zu
  initiieren,
- die Geduld, die jeweilige aktuelle Situation genau zu
  betrachten und zu interpretierten, um sie kreativ für sich
  nützen zu können,
- das Vertrauen und die Weisheit, das Handeln nicht an
  einem Sollzustand auszurichten, sondern die Dynamik des
  Geschehens für die angestrebten Ziele wirksam werden zu
  lassen,
- die Bereitschaft, im entscheidenden Augenblick für Ihre
  Interessen zu kämpfen und alle Ressourcen in die
  Waagschale zu werfen.

Seien Sie achtsam, wenn Wissen zum Glauben wird

Jede Modellbildung – auch die Vorstellung, wie man die Zukunft gestalten will – basiert auf Erfahrungen und Erkenntnissen, ist also vergangenheitsbezogen. Die Projektion in die unbekannte Zukunft kann ohne die Elemente Vermutung und Hoffnung nicht geleistet werden. Strategieprozesse verschleiern oft das Nicht-Wissen-Können. Es ist wichtig, diesen Wechsel ins Glauben-Müssen zu reflektieren. Nur durch die bewusste Auseinandersetzung damit werden Risiken sichtbar.

Wenn Geschehnisse und Dynamiken im Umfeld beobachtet werden, können Ereignisse, die vom geplanten Sollzustand abweichen, zu raschem pragmatischem Handeln (vielleicht mit einem Geniestreich?) führen. Welche ökonomischen und sozialen Kosten wären einzusparen, wenn nicht mehr über Pläne gestritten würde!

Erlernen Sie die Kunst, Kräfteverhältnisse und Energiefelder zu nutzen

Suchen Sie nach den *tragenden Faktoren* einer Situation, um sich von ihnen tragen zu lassen.

Das Hier und Jetzt lässt Sie erkennen, wie Stärken, Schwächen und Machtverhältnisse im Umfeld die eigenen Möglichkeiten beeinflussen. Das Wahrnehmen von Kräfteverhältnissen, ihren Entwicklungen und Veränderungen, kann für den Erfolg relativ mühelos genutzt werden.

Führung muss dann nicht Vorangehen, Ziehen oder sich über Widerstände hinwegsetzen, sondern das Mitgehen mit der vorhandenen Energie sicherstellen.

Energie folgt dem geringsten Widerstand – fließendes Wasser erzeugt umso mehr Energie, je mehr Neigung für seinen Weg vorhanden ist.

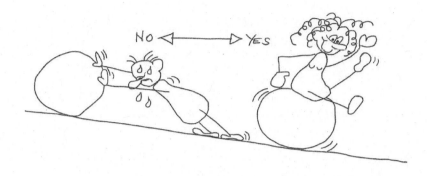

Widmen Sie Ihre Aufmerksamkeit dem Suchen und Erkennen von Neigungen!

Wenn die Realisierung Ihrer Maßnahmen auf Schwierigkeiten stößt, klären Sie zuerst „Neigungs- und Kräfteverhältnisse", dann stellen Sie fest, welchen Einfluss Sie auf diese Verhältnisse/den Kontext haben: „Kann ich die Neigung verändern, die Waage zu meinen Gunsten beeinflussen? Wo wären Ansätze?"
Beobachten Sie, ob Ihre Einflussnahme den Kontext verändert, und warten Sie ab, bis die passenden Kräfteverhältnisse Ihnen die Ergebnisse zutragen. Das spart Energie!

Seien Sie umsichtig statt heroisch
Denken Sie in Prozessen der Reifung und Entwicklung statt des Erzielens oder Erzwingens von Wirkungen.
Ihre Fähigkeiten des Pflegens, des Förderns eigener Potenziale, des Wartens und Beobachtens sind gefragt.
Steuern und Führen heißt dann, mit den Möglichkeiten in Übereinstimmung zu kommen und der Neigung zu vertrauen.
Lernen Sie, „das zu fördern, was von alleine kommt." (Laozi)
Das bedeutet keineswegs, passiv zu sein! Sie müssen viel über die Umstände, die Situationen, über Vernetzungen, über die Komplexität herausfinden.
Auch die Früchte des Erfolgs reifen in ihrer eigenen Geschwindigkeit. Aber Sie können herausfinden, welche Erde, wie viel

Wasser, wie viel Licht und welche Nährstoffe eine Pflanze braucht, um optimal zu wachsen. Das sind Parameter, die Sie beeinflussen können, um die gewünschte Wirkung hervorzubringen.

Vertrauen Sie der Evolution
Wenn Sie in Prozessen denken, öffnen Sie (sich für) das Vertrauen in Entwicklung und Wandel. Statt Druck auszuüben, schaffen Sie Rahmenbedingungen, die Neues *ermöglichen*. Bedingungen schaffen heißt: Strukturen gestalten, Spielregeln entwickeln und vereinbaren, Prozesse einleiten und sie dann geschehen lassen.

Praxisbeispiel:
Ein erfolgreiches, global tätiges Produktionsunternehmen für Steuerungstechnik wollte *„endlich mal einen vernünftigen und klaren Strategieprozess" (O-Ton des GF)* aufsetzen.
Das Unternehmen befand sich gerade in einer stabilen Phase. Die kurzfristige Krise mit Kurzarbeit war vorbei, im Gegenteil, man suchte dringend weitere Mitarbeitende. Eine neue Entwicklung am Markt hatte überraschend das Kundensegment erweitert, die Produktionskapazität musste dringend erhöht werden. Die Freude war getrübt, denn man hatte sich strategisch entschlossen, aus dem standardisierten Produktionsgeschäft auszusteigen und sich als flexibler Anbieter von Speziallösungen zu etablieren. Und jetzt waren die Auftragsbücher voll mit der – nicht mehr so geliebten – Massenfertigung. Und das bei Kunden, die in einem volatilen Umfeld positioniert waren.
Der neue Geschäftsführer, von dem man sich eine klare Strategie erhoffte, erzählte uns: *„Die Eigentümer dieses Unternehmens haben immer wieder die Richtung geändert, ohne dass man die dahinter liegende Strategie erkennen konnte. Schon vor zwei Jahren hat man entschieden, aus der Massenproduktion aus-zusteigen. Unmittelbar nach diesem Beschluss erhielt man einen längst abgeschriebenen Großauftrag aus Fernost. Man schrieb das beste Firmenergebnis und daher genehmigten die Eigentümer die Erhöhung der Kapazitäten und die Investition in eine Großfertigung. Der Kunde war leider so schnell wieder weg, wie er*

gekommen war, ebenso schnell wurde die Investition gestoppt.
Die halbfertige Anlage kann noch immer besichtigt werden. Als
Mahnung – wofür?"

Auch wenn die Anfrage, einen *vernünftigen Strategieprozess*
aufzusetzen, einen interessanten Beratungsauftrag versprach,
genügte ein halbtägiges Meeting mit der Geschäftsführungs-
Runde, um folgende Fragen zu klären:

- Was bedeutet eine „vernünftige, klare Strategie" in diesem
  Unternehmen, mit seinen Know-How, Erfahrungen und
  Ressourcen und in diesem Umfeld?
- Wieweit ist nicht gerade die Fähigkeit des Unternehmens, die
  jeweiligen Situationspotenziale zu erkennen und zu nutzen,
  der entscheidende Erfolgsfaktor?
- Würde es genügen, ab jetzt die Risiken genauer in den Blick zu
  nehmen und die Entscheidungsprämissen für Investitionen
  kritisch zu hinterfragen?
- Sollte man sich von der Idee des „großen Strategiewechsels"
  verabschieden und stattdessen einige Mitarbeitende einladen,
  ein internes Start Up mit Spezialprodukten zu gründen und
  somit ein Format, das dem Traum der flexiblen Spezialisierung
  mehr entsprechen würde?

Die Geschäftsführungs-Runde traf folgende Entscheidung (Auszug
aus dem Protokoll):
„Wir wissen um unsere kreativen und pragmatischen Fähigkeiten.
Die Marktsituation ist mit mühevollen, ressourcenbindenden
analytischen Planungsprozessen nicht wirklich abbildbar. Der
Volatilität des Umfeldes und der eher kurzfristigen Ausrichtung der
Eigentümer entspricht eine volatile Strategie. Wir werden daher
verstärkt mit unseren Kompetenzen auf Entdecken und Erproben
setzen. Dazu werden wir mit kleinen gemischten Teams (Vertrieb,
F&E, Produktion) und mit bestehenden und neuen Kunden
Problembereiche identifizieren und gemeinsam Prototypen
entwickeln."

Wo würden solche Überlegungen bei Ihnen passen?
Können Sie sich vorstellen, dass für das Planen, Arbeiten und
Führen nun schöne Zeiten angebrochen sind?
Was passt zu Agile-Leadership bzw. zur Agile-Organisation:
angestrengt und todernst zu analysieren und perfekte Lösungen
zu suchen oder Anforderungen zu entdecken, spielerisch
Lösungen zu suchen und gemeinsam mit Kunden zu entwickeln?

Wenn Sie vom „Griff-Virus" befallen werden

Wenn es eng wird, weil die Kunden abspringen, die Lieferanten
nicht oder nur zu erhöhten Preisen liefern können, sich die
Krankenstandstage mehren, wird der Wunsch hörbar, wieder
„alles in den Griff zu bekommen".
Archaische Bilder von römischen Pferdelenkern, die die Zügel von
vier oder sechs Hengsten mit ihren Händen fest im Griff haben,
tauchen auf oder vom Kapitän auf der Brücke, dem das Steuerrad
nie entgleitet.
Für Kutschen, Schiffe, Autos und ähnliche „Systeme" ist das eine
durchaus angebrachte Vorstellung von Steuerung.
Was lässt sich mit dieser Metapher in aktuellen Organisationen in
einem dynamischen Umfeld anfangen? Führt die Vorstellung der
„Griff-Steuerungsvariante" zu habituellen Veränderungen? Lassen
sich die sechs Direct Reports tatsächlich eine Trense und
Scheuklappen anlegen, damit ihr Boss das erleichternde Gefühl
gewinnt, es kann nichts aus dem Ruder laufen? Der „Griff-Virus"
lässt alle bereits überwunden geglaubten Führungskonzepte
wieder aufleben.

Doch der Griff hält beide – Führung und Geführte – fest
miteinander verbunden. Das bedeutet stressige Zeiten für alle
Beteiligten! Wechselseitige Angewiesenheit pur, keine Ent-
spannung möglich, die Burnout-Wahrscheinlichkeit steigt. Der
Wunsch nach lückenloser Kontrolle schafft Enge – die Angst,
Fehler zu machen und dabei erwischt zu werden, erhöht die
Fehlerquote und senkt die Aufmerksamkeit der Mitarbeitenden.

Spontane Ideen verpuffen ungehört, Möglichkeiten, die sich auftun, werden nicht wahrgenommen oder umgesetzt. Zudem besteht die Gefahr, dass Protokolle und Berichte geschönt werden, um Wohlwollen zu erzeugen.

Und mit der Zeit verlieren alle den Überblick, ob Erfolg oder Misserfolg mit der richtigen Grifftechnik zu tun hat.

- 🔥 **Wenn Sie vom Griff-Virus befallen werden, tun Sie nichts! Verzichten Sie auf Kontrollanrufe, Krisensitzungen oder Morgenapelle! Gönnen Sie sich eine Entspannungspause, gehen Sie früher nach Hause, genießen Sie ein Glas Wein oder machen Sie Sport (ohne sich dabei völlig zu erschöpfen!)**
- 🔥 **Warten Sie ab, bis die Attacke des Griff-Virus abgeklungen ist!**
- 🔥 **Dann betrachten Sie die Situation mit anderen Augen und fragen Sie sich: Welche neuen Chancen und Möglichkeiten ergeben sich genau dadurch hier und jetzt?**

Praxisbeispiel:

Der CEO eines Automotiv-Herstellers schrieb am Höhepunkt der Krise an seine Crew (der spätere Erfolg gab ihm Recht):

„Ich sehe, wahrscheinlich wie Sie, dass wir sowohl unsere bisherige erfolgreiche Strategie, Ihren besonderen Einsatz, unsere Form der Kooperation und Koordination, ja sogar unsere Grundannahmen neu denken und gestalten müssen. Ich kenne auch nicht die richtigen Antworten und teilweise noch nicht mal die richtigen Fragen. Aber ich bin mir sicher, dass wir es gemeinsam schaffen werden, unsere Antworten auf diese Krise zu finden. Und deshalb lade ich Sie zu einem koordinierten Prozess – mit hohen Anteilen an Selbstorganisation – ein, an dessen Ende wir sagen werden: ‚Wir haben uns neu erfunden‘."

Steuern nach dem Regelmodus oder nach dem Entscheidungsmodus?

Auf den ersten Blick scheint diese Entweder-oder-Frage wenig hilfreich zu sein. Gibt es reine Formen? Selbst dort, wo genau geregelte Prozesse (z.b. das Starten und Landen eines Flugzeuges, definierte Produktionsabläufe, medizinische Diagnoseverfahren, Abwicklung von Bauanträgen,...) Sicherheit und stabile Qualitäten garantieren müssen, sind unerwartete Ereignisse nicht auszuschließen. Überraschende Fragen und nicht vorhergesehene Widersprüche tauchen auf. Rasches Handeln und Entscheiden durch die Personen vor Ort sind nötig.

Andererseits gibt es auch in sehr auf Selbststeuerung und Selbstverantwortung, Flexibilität und Agilität ausgerichteten Organisationen klare Regelungen für bestimmte Bereiche und Abläufe.

Obwohl in der Praxis immer mit einem Sowohl-als-auch operiert werden muss, ist eine prinzipielle Ausrichtung des Steuerungsmodus wichtig. Diese verschafft den Handelnden mit Hilfe einer simplen „Daumenregel" grundlegende Sicherheiten. Missverständnisse, Erwartungskonflikte und Fehlsteuerungen durch das Management werden verringert oder vermieden.

Jeder Modus hat andere Implikationen und erfordert bei Abweichungen unterschiedliche Kompetenzen und Konsequenzen. Daher ist im Vorfeld Klarheit darüber wichtig, ob zuvor festgelegte Regeln einzuhalten oder ob eigenständige Entscheidungen zu treffen sind.

Striktes Einhalten von Regeln ist in Bereichen wichtig, in denen die Abläufe überprüfbar sein müssen (z.B. in Banken bei Kreditvergaben).
Dezentrale, autonome Entscheidungen sind dort zu bevorzugen, wo aktuelle Kundenwünsche nicht vorhergesehen werden können oder mit unabwägbaren Umweltsituationen zu rechnen ist.

Naheliegend und (scheinbar) einfacher ist das Handeln nach dem Regelmodus, sind doch Organisationen per se Regelsysteme. Doch auch sie erfordern für ihr Funktionieren Nebenwege, informelle Abstimmungen und das Beugen oder Umgehen von Regeln. Konsequente Kundenorientierung, Komplexität und Marktdynamik sowie die Forderung nach Agilität zwingen die Organisation, Mitarbeitende zunehmend zu eigenständigem Handeln zu ermächtigen.

Eigenständigkeit ist aber keineswegs mit Beliebigkeit gleichzusetzen: Der Rahmen wird durch Sinn und die Grundausrichtung nach Werten und Prämissen definiert.
Die Verlagerung von Fach- und Entscheidungskompetenz an die Peripherie der Organisation wird in den zentralen Führungsetagen immer wieder zu Irritationen führen.
Herausfordernder wird diese Verlagerung des zentralen und regelbasierten Entscheidungsmodus, wenn dafür *sich selbst organisierende* Einheiten oder Teams geschaffen werden.
„Selbst" verweist auf Autonomie, „organisierend" auf Regeln und Strukturen. Auch wenn von solchen, sich selbst steuernden Einheiten erwartet wird, dass sie eigenständig entscheiden, was gerade Sache und wie diese Sache zu bewältigen ist, muss es für sich wiederholende Entscheidungen Regeln geben. Das spart Zeit und unnötige Unsicherheit.

Gute Kommunikations- und Kooperationskultur sorgt dafür, dass die Entscheidungsgremien dann auch entscheidungsfähig sind. Alle Beteiligten sind eingeladen, ihre unterschiedlichen Perspektiven mit Interesse und Klugheit zu prüfen, um daraus Erkenntnisse zu generieren.

Kollektive Intelligenz gewinnt man durch Dialog.

Er ermöglicht eine bessere Abwägung von Alternativen und bessere Einschätzung von Chancen und Risiken, ohne dabei zur neuen „Zeitverzögerungsinstanz" zu werden.

An Methoden fehlt es nicht, an Erkenntnissen auch nicht, selbst der Wille ist meist wirklich vorhanden, doch oft scheitert es an den inneren Vorstellungen (Mindsets) und eingeübten Mustern.

Praxisbeispiel:
In einem Produktionsunternehmen der Verpackungsindustrie wurde im Kundenserviceteam (bestehend aus Qualitäts-management, technischem Kundendienst, Vertriebs- und Prozessverantwortlichem) die Grundregel eingeführt:
Bei Reklamationen muss zuerst das Problem für den Kunden gelöst werden, damit dieser zeitnah seine Waren verpacken kann, bevor geklärt wird, wo mögliche Ursachen liegen oder wer in der Prozesskette mitverursachend („schuldig") war.

Das Vernachlässigen der Kundeninteressen lag nicht an fehlenden Tools, sondern am Denken: „Wie vermeide ich es, den schwarzen Peter zugeschoben zu bekommen?"

Kreativ-Integrative Entscheidungsfindung
Der KIE-Prozess

Lassen Sie Hierarchien hinter sich, lassen Sie sich auf Augenhöhe in Entscheidungsprozesse ein. Was zählt, sind Expertisen. Mittels eines achtsamen Prozesses wird sichergestellt, dass wichtige Perspektiven zügig berücksichtigt und zu kreativen Lösungen integriert werden.
Folgende Grundregeln gelten:

- Jede Perspektive wird gehört und gesehen, ohne sich in Seitenwegen (in Wenn und Aber) zu verlieren.
- Es gibt Personen, die Vorschläge entwickeln, und Personen, die mit ihren Überlegungen, Anregungen und Bedenken zur Qualität und Akzeptanz beitragen.
- Die Beiträge werden unterschieden in
  - emotionale Resonanzen,
  - wertschätzendes Feedback,
  - Einwände und Anregungen.

Diese Struktur verhindert den Verlust an Klarheit und Orientierung durch zu viel „Drumherum reden".

Die **emotionale Resonanz** gibt Aufschluss darüber, was bei den Beteiligten ausgelöst wurde *(„Ich fühle mich entspannt", Mir schwirrt der Kopf", „Wow", „Bin neugierig", „Bin besorgt",...)*. Jede aufsteigende Emotion wird anerkannt und geachtet. Emotionen sind Quellen wichtiger Informationen, jedoch keine direkten Kriterien der Entscheidungsfindung.

Das **wertschätzende Feedback** verlangt von jeder/jedem (!) Teilnehmenden (auch wenn inhaltlich große Bedenken vorhanden sind), das Nennen einer besonderen Qualität des Vorschlages.

Einwände benennen Aspekte, die entweder zu wenig oder gar nicht berücksichtig wurden, die Toleranzgrenzen (Vereinbarungen, Werte) überschreiten oder als Risiko für den Erhalt des Systems gewertet werden könnten.

Einwände sollten gewichtet werden, z.B. auf einer Skala von 1· (gering) bis 10 (sehr gewichtig). Einwände müssen auch den Hintergrund offenlegen: Kommt der Einwand aus der persönlichen Erfahrung, den persönlichen Werten oder aus einer spezifischen Rolle und Funktion („Ich mache mir persönlich Sorgen, um ...", „In meiner Rolle als Controllerin denke ich...", „Als langjähriger Vertriebler fürchte ich ...").

Einwände richten sich nicht gegen das Team oder die Person, die den Vorschlag entschieden haben möchte, sondern erweitern den Blick auf noch nicht gesehene Inhalte, auf zeitliche oder soziale Aspekte des Vorschlags. Die Aufgabe der Vorschlagenden ist es, die Einwände zu verstehen, aber nicht zurückzuweisen, sondern in einer nächsten Phase in den Entscheidungsvorschlag zu integrieren

Anregungen sollen die Vorschläge erweitern oder verfeinern. Solange Einwände, Ideen und Hinweise auftauchen, geht es darum, die vorgeschlagene Entscheidung durch die Integration jeder Perspektive qualitativ zu verbessern. Einwände können als Veto oder als intensiv zu behandelnde Aspekte gewertet werden.

Umsetzung von Entscheidungen

Im KIE-Prozess ist es nicht nötig, dass alle Anwesenden alle Aspekte einer Entscheidung verstehen. Die Entscheidung soll grundsätzlich Sinn machen und die Organisation nicht daran hindern, im Rahmen ihrer Prämissen und Werte erfolgreich und zukunftsorientiert zu funktionieren.

Es wird nicht nach einer Entscheidung gesucht, die alle Perspektiven vollständig einbezieht, sondern nach einer Entscheidung, die wesentlichen Aspekte einbezieht, die man benötigt, um die Entwicklung der Organisation sicherzustellen und die erforderliche Kontrolle aufrechtzuerhalten oder wieder herzustellen.

Der KIE Prozess (Kurzformat) in acht Schritten:

1. **Vorstellen des Vorschlags:** kurz und prägnant mit allen im Moment relevanten Informationen

2. **Emotionale Resonanz** der Zuhörenden aufnehmen

3. **Wertschätzendes Feedback** – „Welche Ideen, Aspekte gefallen mir besonders gut und weshalb?"

4. **Verständnisfragen** (falls erforderlich) „Ich möchte besser verstehen, nachvollziehen können …"

5. **Einwände** – „In meiner Rolle als, …", „Ich bewerte meinen Einwand mit …"

6. **Einwände verstehen** – Einwände nicht zurückweisen oder Vorschläge rechtfertigen

7. **Anregungen**, weiterführende oder offene Fragen, wesentliche Hinweise, qualitatives Feedback. KEINE DISKUSSION!, keine unmittelbare Beantwortung durch die Vorschlagenden, diese nehmen die Reaktionen auf und mit.

8. **Erste Integration und kreative Verarbeitung** – die Vorschlagenden besprechen kurz und prägnant (offen vor den anderen), was die Resonanzen, Feedbacks, Einwände und Ideen angeregt haben und wie und wann sie diese in ihren Vorschlag integrieren werden.

Digitale Transformation im Rahmen der Organisation N.N.

Wenn unterschiedliche Expertisen zu einer neuen transdisziplinären Form verbunden werden, können sich in einem Feld
von Ungewissheit innovative und vernetzte Lösungen entwickeln.
Je komplexer das Umfeld, umso mehr sind Besonnenheit und
Gelassenheit gefragt, statt sich von Euphorie bzw. Panikmache
anstecken zu lassen. Die rasanten technologischen Entwicklungen
(IT, KI, Roboterisierung), die Möglichkeiten neuer Anwendungen,
das Entstehen und Nutzen neuer Geschäftsmodelle werden nur
jene Unternehmen bewältigen, die bereit sind, von Optimieren
auf Musterwechsel umzusteigen.
Die Suche nach neuen Strukturen mündet oft im Versuch, mit
einem weiteren Changeprojekt das Innenleben der Organisation
umzubauen. Doch das Einzige, das zukünftig in Organisationen
stabil bleiben kann, sind Sinn, Werte und – der Wandel.
Informieren und Koordinieren, (Zusammen-) Arbeiten, Steuern
und Entscheiden werden in stabilen-fluktuierenden Prozessen
stattfinden. Dafür werden, je nach Erfordernissen der Umwelten,
Spielregeln des Organisierens entwickelt und immer wieder
verändert werden.

Erfolgreiche, dem Kunden nützende digitale Transformationen
setzen Transformationen der Organisation, deren Führungs-
systeme und des kulturellen Mindsets voraus.

Wenn Veränderungen primär die technologischen Dimensionen
der IT im Fokus haben, erschwert dies nicht nur die Neu-
ausrichtung des Unternehmens, sondern auch inhaltliche
Problemlösungen.
Andererseits sind Unternehmen, die mit agilen Formen der
Selbstorganisation arbeiten, gefordert, passende digitale Tools für
die Verarbeitung von Daten sowie das kluge Nutzen von Big Data
für die Kommunikation und Entscheidungsfindung zu entwickeln.

Sechs Prozessschritte, um digitale Transformationen organisatorisch innovativ und menschengerecht zu gestalten:

1. Strategische Ausrichtung – eine neue Balance finden

Im ersten Schritt des Prozesses werden in interdisziplinären und funktional unterschiedlich zusammengesetzten Kreisen mit Gelassenheit (!) das Wollen, das Mögliche und das Visionäre geprüft und entschieden.

Folgende Fragen sind dafür hilfreich:
➢ Welchen Stellenwert soll Digitalisierung im Unternehmen haben?
➢ Wie sollen digitale und technologische Möglichkeiten mit einer nachhaltigen Ausrichtung auf Sinn, Werte und Nutzen der Organisation verzahnt und immer wieder balanciert werden?
➢ Welche unverzichtbaren Qualitäten und Werte der bestehenden Organisation sollen erhalten bleiben?

Die gefundenen Antworten schaffen die nötige Basis und Ruhe, um in einem ko-kreativen Prozess ein neues digitales und analoges Zusammenspiel von Unternehmen, Lieferanten, Kunden und Stakeholdern zu gestalten.

2. Expedition ins Neuland – das Prozessdesign entwerfen

Die Expert*innen der unterschiedlichen Disziplinen legen gemeinsam fest, wie die Kooperation und Kollaboration stattfinden soll. In diesem Prozess wird darauf geachtet, vielfältige Perspektiven, Gefühlslagen, Unterschiede und Widersprüche zu nutzen. Dem Thema und dem teilweise noch unbekannten Terrain entsprechend, kann die Transformation als Entdeckungs- und Erkenntnisreise verstanden werden.

3. Das passende Expeditionsteam zusammenstellen

Die Einbindung von Sparringspartner*innen, Prozessbegleitung, externen Expertisen und Aktionsforschung ist eine Investition, die einen hohen Ertrag und das Vermeiden von Sackgassen und Crashs wahrscheinlicher macht.

Das zwischen Unternehmen, Wissenschaft und Beratung als ko-kreativer Prozess gestaltete Projekt ("Expedition") ermöglicht jeder Organisation das Finden und Entwickeln ihrer eigenen Position und Ausrichtung. Damit gewinnt das Unternehmen einen eigenständigen Gestaltungs- und Handlungsspielraum gegenüber vermeintlich unabwendbaren Sachzwängen und Anforderungen der neuen Technologien.

4. Die relevanten Themenfelder identifizieren

Dieser Prozess-Schritt soll sicherstellen, dass

- die sozialen Dynamiken in und zwischen Organisationen, Beteiligten und Betroffenen reflektiert, besprochen und verstanden werden.
- Rahmenbedingungen geschaffen werden, die soziale und emotionale Intelligenz wirksam werden lassen.
- geklärt werden kann, welche Sachverhalte als kompliziert und welche als komplex zu verstehen sind und welche unterschiedlichen Formen der "Behandlung" sich daraus ergeben.

- die Interdependenzen von technologischen Möglichkeiten, veränderlichen Geschäftsmodellen, neuen Formen von Arbeit, Führung, Kooperation und Entscheidungsprozessen erkannt und gestaltet werden.
- Rahmenbedingungen für eine Transformationskultur geschaffen werden, die neue Formen des Dialogs, des Entscheidens, Experimentierens und Erprobens ermöglichen.

5. Sechs zentrale Felder der Unternehmenssteuerung vernetzen:
Auf der Basis von zukünftigen strategischen Erfordernissen und Visionen wird geklärt, wieweit diese mit der aktuellen Form der Steuerung (Unternehmens-, Führungs-, Entscheidungskultur und Struktur) zu bewältigen sind oder nicht. Daraus werden Entwicklungs- und Gestaltungsfelder bestimmt.

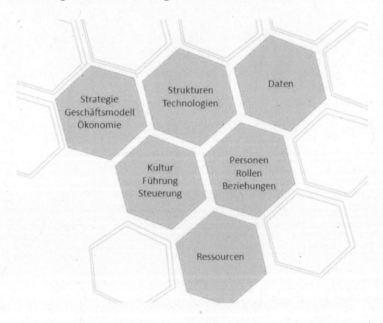

6. Auf den Punkt oder auf die „Drei-Einheit" gebracht

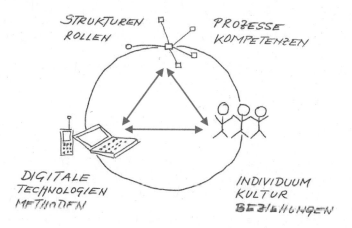

Neue digitale Technologien, digitale Kommunikation, Social Media Konzepte, neue Anwendungen und Geschäftsmodelle erfordern ein neues emotionales und professionelles Selbstverständnis aller Beteiligten.

Praxisbeispiel:
Welchen Platz der Begriff „menschengerecht" in einem Unternehmen der Digitalisierungsbranche haben kann, zeigt die Website des Software-Herstellers Apus:[19]
„Wenn man online ein Formular ausfüllt, kommt irgendwann unweigerlich die Frage, ob man denn ein Robot sei. Wir bei APUS sind keine Robots! Wir sind abends nicht erreichbar, haben Urlaub, werden krank und machen Fehler. Wir haben Familien, für die wir sorgen, und private Dinge, für die wir brennen. Trotz alledem machen wir hervorragende Software, weil das eine das andere nicht ausschließt! Das verstehen wir unter Ganzheit".

---

[19] https://www.apus.co.at

Aus der Sammlung an Erfahrungen

Unterscheiden statt vermischen

Beachten Sie die Unterschiede zwischen
Wahrnehmen,
Beobachten,
Bewerten und
Schlüsse ziehen!

Meist werden in Gesprächen und im Denken Beobachten (*wahrnehmen, sehen, hören von Verhalten*), Bewerten und Schlüsse ziehen (inklusive der Unterstellung von Motiven) vermischt. Unreflektiert führt diese „Mischkulanz" zu Unklarheiten und Missverständnissen. Die Komplexität steigt und schafft Konfliktpotenziale.

Praxisbeispiel:
Die Firmenchefin fragte den Berater: „Wie soll ich mit so einem schwierigen und dazu noch schlampigen Mitarbeiter zurechtkommen?"
Dieser erkundigte sich: „Woran merken Sie, dass der Mitarbeiter schlampig ist? Wie müsste er sich verhalten, damit Sie ihn nicht als schwierig bewerten?"
Durch genaueres Nachfragen zeigte sich, wie die Zuschreibung der Eigenschaften „schlampig und schwierig" entstanden war:
In einer Konzeptpräsentation (die durchaus den inhaltlichen Erwartungen entsprach) wechselten in den Powerpoint-Folien, Formatierungen und Schriftgröße ohne klaren Bezug zum Inhalt. Der darauf angesprochene Mitarbeiter reagierte auf diese Hinweise mit: „Da investiere ich mein Wochenende und als Anerkennung bekomme ich diese kleinliche Kritik!" Dass für die Führungskraft Ästhetik und Form ein wichtiger Indikator für ernsthafte Ergebnisse war, kam erst später zur Sprache und änderte den Präsentationsstil des Mitarbeiters.

Die Macht des Wortes – oder: Am Anfang steht der Kontext

Sobald etwas gesagt oder geschrieben wurde, entzieht es sich der Verfügbarkeit des Sendenden. Ab diesem Augenblick ist es der Wahrnehmung und Interpretation durch andere ausgesetzt. Das wissen wir alle und dennoch erstaunt es uns immer wieder, was aus unseren Aussagen gemacht wird.
Es kommt noch ein Drittes ins Spiel:
Weder der klarste und beste Sager noch der verständnisvollste Zuhörer beeinflussen allein das Spiel der Verständigung. Erst der Kontext verleiht dem Gesprochenen und Gehörten Sinn und ruft jene Wirkungen hervor, die leider oft erst im Nachhinein verständlich machen, zu welchem Ergebnis die Kommunikation geführt hat.
Wer hat was, wann, wo zu wem gesagt und welche weiteren Beobachtenden haben das Geschehen „bezeugt" und interpretiert?
Und selbst darüber lässt sich trefflich streiten.

Daher gilt es, schon in der Vorphase zu klären:
➢ Was hat welchen Einfluss auf den Kontext?
➢ Wie ist er zu bewerten?
➢ Worauf ist besonders Rücksicht zu nehmen?

Wenn Sie Kunden und Mitarbeiter*innen begeistern oder Investoren überzeugen wollen, sollten Sie einige Überlegungen für die „soziale Inszenierung" aufwenden, sonst verfliegen die schönsten Sätze spurlos wie der Sand am Meer.

Das komplexe Zusammenspiel von Agierenden (Wer sitzt oder steht wo? Wer beginnt das Gespräch, u.a.m.), die Position der Handelnden (Wem wird welche Rolle und welche Bedeutung zugeschrieben?), Selektion des Gehörten, Reaktionen des Umfeldes, Interpretationen und Bewertungen bringen jene Wirkungen hervor, die letztlich immer erst im Nachhinein als Erfolg oder als Misserfolg verstanden werden können.

Die Schlussfolgerung:

Möchten Sie das Risiko des Missverstehens minimieren, hilft die Erinnerung an den Ursprung des Wortes *communicare*: etwas mit anderen teilen, es gemeinsam machen, es unterscheiden und vereinigen.

Gestalten Sie aktiv den Kontext mit:

- Berücksichtigen Sie Raum- und Sitzordnungen.
- Vermitteln Sie Ihre eignen Überlegungen und persönlichen Annahmen.
- Seien Sie offen für Fragen.
- Stellen Sie selbst klare und erweiternde Fragen.
- Sagen Sie eindeutig Ja oder nicht verletzend Nein.
- Lassen Sie immer wieder einmal Ihren Dank in das Gespräch einfließen.

Optimierung verkehrt herum

- ➢ „Was sollte, müsste ich jetzt/heute/in dieser Woche noch tun?"
- ➢ „Was braucht es noch, um die Effizienz, die Motivation, die Innovation etc. zu steigern?"

Diese Fragen kennen Sie sicher.

Und sobald etwas ergänzt oder verbessert wurde, entdeckt die gut beobachtende Managerin, der gewissenhafte Manager das nächste Defizit, das nächste „Was noch?". Sisyphos lässt grüßen.

Hier ein paradoxer Vorschlag zur allgemeinen Entspannung:

Setzten Sie an die Stelle des „Was noch", ein „Was nicht mehr". Das führt nicht nur zur Entlastung im Tagesgeschehen, sondern es befreit Sie als Führungskraft und Ihre Mitarbeitenden und Kolleg*innen von unnötigen Verhaltensweisen, Routinen und Prozessen. Einige wurden zwar aus dem Wunsch nach Verbesserungen eingeführt, doch deren bremsende oder schädigende Nebenwirkungen wurden nicht erkannt.
Erstellen Sie, ohne viel zu überlegen, eine Liste:
Was vermuten Sie, demotiviert Ihre Mitarbeiterinnen?
Was erschwert Selbstverantwortung?
Markieren Sie jene Aspekte, die auf Ihr Verhalten, auf Abläufe und Agenden von Meetings, Routinen, Prozessanforderungen u.a.m. zutreffen könnten.
Entscheiden Sie sich für zwei konkrete Punkte, sie Sie in den kommenden zwei Wochen *nicht* mehr tun, auf die Sie *nicht* bestehen werden.
Wenn dies wirklich gelingt, müssen Sie nur noch auf die Kreativität der Selbstorganisation vertrauen – kleine Wunder sind garantiert!

Ein Warnung zum Schluss: Musterdurchbrechung durch Weglassen hat einen weit höheren Irritationsgrad als das Erfinden und Durchsetzen neuer Muster. Es ist aber auch wirkungsvoller.

Jenseits von Widersprüchen

Es ist nicht nötig, dass sich (Leitungs)Teams immer wieder mit Widersprüchen beschäftigen oder Energien in Konflikte – wie fruchtbar sie auch sein mögen – investieren.

„Jenseits von Richtig und Falsch liegt ein Ort. Dort treffen wir uns", formulierte der persische Weise Rumi im 13. Jahrhundert.

Wagen Sie es, über das Bekannte, bisher Gedachte hinauszudenken!

> **Praxisbeispiel:**
> In einer Netzwerksorganisation strapazierten die Widerspruchspole *Autonomie und Verbundenheit* und *individuelle Freiheit und Achten auf das Ganze* die Nerven aller Beteiligten. Man wollte diese Paradoxie weder „verregeln" noch managen. Im Vertrauen auf die gemeinsam entwickelten und verankerten Werte (Freude, Leichtigkeit, Liebe, Entdeckerlust, Humor, Austausch) entschied man für die folgende Geschäftsperiode, sich nicht durch den Fokus auf den Widerspruch zu blockieren und perspektivisch zu begrenzen. Natürlich war die Dynamik weiterhin von den Widersprüchen beeinflusst, aber es fanden neue Überlegungen Eingang in die Strukturdiskussion, die einen erstaunlichen Transformationsprozess ermöglichten.

Ein „Jenseits von-Denken" ist nicht naiv, sondern klug in einer Welt voll Überraschungen und Ungewissheiten.

Mehr Wirksamkeit erzielen – mit dem „Franziskus-Code"[20]

Wie kann Papst Franziskus ein Vorbild für Manager*innen sein? Seine Wirksamkeit beruht auf der gelungenen *Verknüpfung von sechs Dimensionen*:

1. Tief verinnerlichte Überzeugungen und die davon inspirierten Visionen,
2. Achtsamkeit auf Sprache und Begriffe,
3. konsistente Handlungen,
4. wirksame, glaubwürdige Symbolik und die Kunst der Inszenierung,
5. Interventionen in Strukturen und Muster der Organisation,
6. Mut zu Konflikten, ohne jeden „angebotenen" Konflikt aufgreifen zu müssen.

Die Zitate und Beispiele stammen aus Berichten unterschiedlicher – vor allem nicht kirchlicher – Medien.

1. Tief verinnerlichte Überzeugungen und die davon inspirierten Visionen:

- Für den Glauben und die tiefe Überzeugung von der Möglichkeit einer friedfertigen Welt sind Kriege und Verfolgung keine Gegenbeweise, sondern die Gegebenheiten und Orte, wo Veränderungen ansetzen müssen.
- Es gibt kein „Unmöglich". Wer sich die Welt anders vorstellen und denken WILL, KANN sie auch neu gestalten.
- Begrenzungen und Hindernisse zu erkennen macht klug und gibt meist Hinweise, wie man sie bewältigen kann (*„Ich glaube, Jesus ist im Inneren der Kirche und klopft, weil er herauswill"*).
- Wichtiges bewahrt sich selbst, das braucht keine Dogmatik.

---

[20] Auch wenn man Papst Franziskus zu langes Zögern in der Klärung der Missbrauchsproblematik und andere irritierenden Aussagen vorwerfen kann, ist seine Erneuerungswirkung im Kontext der Institution mehr als erstaunlich.

- Der Glaube an einen universellen Sinn und die Kraft des Spirituellen, Erdverbundenheit und das Ruhen in sich selbst geben Beweglichkeit, Offenheit und Kraft für Neues.
- Der Mut zum Dienen schafft Sicherheit und Kühnheit, die eigene Position ohne Zögern für die Realisierung der Visionen zu nutzen.
- Der Dialog ist die Voraussetzung für die Entwicklung von Lösungen und die Bewältigung von sozialen Herausforderungen: *„Wenn es ein Wort gibt, das wir bis zur Erschöpfung wiederholen müssen, dann lautet es Dialog. Wir sind aufgefordert, eine Kultur des Dialogs zu fördern, indem wir mit allen Mitteln Instanzen zu eröffnen suchen, damit dieser Dialog möglich wird und uns gestattet, das soziale Gefüge neu aufzubauen. Die Kultur des Dialogs impliziert einen echten Lernprozess (...), der uns hilft, den anderen als ebenbürtigen Gesprächspartner anzuerkennen.(...) Der Frieden wird in dem Maß dauerhaft sein, wie wir unsere Kinder mit den Werkzeugen des Dialogs ausstatten und sie den „guten Kampf" der Begegnung und der Verhandlung lehren."* (Bei der Entgegennahme des Aachener Karlspreis, 2016)

**2. Achtsamkeit auf Sprache und Begriffe
(Klare Worte, markante Bilder):**

- *„Ich bitte euch, Revolutionäre zu sein! Schwimmt gegen den Strom! Ich bitte euch, gegen die Resignation zu rebellieren, gegen den Irrtum – wir können keine Verantwortung übernehmen und sind unfähig zur Liebe"*
- *„Christen sollen dienen, statt sich zu bedienen"*
- *„Sprecht freimütig und hört anderen demütig zu"* (an die Synodenväter in Rom)
- *„Die wahre Macht ist der Dienst"*
- *„Jene, die in ihrem Leben dem Weg des Bösen folgen, stehen nicht in der Gemeinschaft mit Gott. Sie sind exkommuniziert!"*

(in einer Messe in Kalabrien, wo er als erster Papst gegen die Mafia den kirchlichen Bann verhängte)

- *„Gott ist nicht katholisch"*
- *„Ich würde auch einen Marsmenschen taufen"*
- *„Ihr seid Muslime, Juden, Orthodoxe, Katholiken. Aber wir sind wir! Macht Frieden! Ihr seid zu Großem berufen!"* (In einer Predigt zu Jugendlichen in Bosnien)
- *„Die Wahrheit ist wie ein Diamant. Zeige sie den Leuten, und sie funkelt. Wirf sie den Leuten ins Gesicht, und sie schmerzt."*

3. Konsistenz in den Handlungen:
Die Leidenden trösten: Generalaudienz 6.Nov. 2013: Der an der Erbkrankheit Neurofibromatose leidende Vincio R. stand mit seiner Tante in einer der vorderen Reihen. Diese Krankheit entstellt den Körper und das Gesicht mit Beulen, das die meisten abschreckt. Franziskus jedoch ging auf ihn zu, umarmte ihn fest, ohne Zögern.

Statt in den Sommerurlaub zu fahren, schrieb Franziskus die Enzyklika „Evangelii gaudium" mit Sätzen wie „Diese Wirtschaft tötet".

4. Wirksame, glaubwürdige Symbolik und die Kunst der Inszenierung:
- schlichte Kleidung (Verzicht auf rote Schuhe),
- anstellen in der Kantine wie jede/r andere,
- auf den Philippinen einen Plastikponcho statt eines Regenschirms benutzen, wie die Menschen am Straßenrand,
- vor dem Weiße Haus mit einem Fiat 600 vorfahren,
- zum Geburtstag Obdachlose samt deren Hunde in den Vatikan einladen,
- mit allen reden (Obama – Castro – Putin – Erdogan, Geheimkontakte zu Assad u.a.m.) und Feindschaften ignorieren: den Palästinenserpräsident Abbas und Israels Staatschef Peres zum gemeinsamen Friedensgebet einladen,

- akute Konfliktzonen betreten: Franziskus' erste Reise führte ihn nach Lampedusa und er war kaum von einem Besuch im nordirakischen Erbil abzuhalten.

5. Interventionen in Strukturen und Muster der Organisation:

- Nach kurzer Amtszeit wird der C 9 als Reformrat von neun Kardinälen gebildet, die sehr unterschiedliche Perspektiven vertreten, aber gemeinsame Bilder zur Entwicklung der Kirche und Welt haben (*„Ich bin stolz auf den C 9 genannten Reformrat der neun Kardinäle, weil wir es geschafft haben, sehr kollegial miteinander umzugehen. Wir denken ganz unterschiedlich, aber wollen alle nach vorn"* Kardinal Maradiaga)
- Eingriffe in die Steuerungsstrukturen der Finanzverwaltung
- Einrichten von Beratungsgremien, die „quer" zur Kurienstruktur liegen

6. Mut zu Konflikten, ohne jeden „angebotenen" Konflikt aufgreifen zu müssen

Humor und Gelassenheit sind die Voraussetzung, um sich nicht in destruktiven Muster zu verheddern (Franziskus empörte sich nicht, als ihn katholische und evangelikale Republikaner als Marxisten denunzierten. Er erwiderte schmunzelnd: *„Ich bin zwar kein Marxist, kenne aber einige anständige"*).
Eine wohlmeinende Art, mit Kritik und Widerspruch umzugehen, ermöglicht, auch harte und inhaltliche Auseinandersetzungen zu führen.

Just do it ...

Springen Sie mutig in die
Geborgenheit des Ungewissen!

Lassen Sie altes Denken und
Handeln los!

Vertrauen Sie sich und anderen!

Sie sind damit nicht allein:

Immer mehr Wirtschaftsunternehmen, Bildungsinstitutionen
und Organisationen im Gesundheitswesen werden zu Orten des
Dialogs, des Respekts, der lustvollen Zusammenarbeit, der Selbstverantwortung, des transdisziplinären Austausches, des
Vertrauens.

*... und jedem Anfang wohnt ein Zauber inne,
der uns beschützt und der uns hilft, zu leben.*

Hermann Hesse

Es ist schön, danke sagen zu können ...

... denn ohne die Kooperation mit Kunden, die Diskurse mit Kolleginnen, die Impulse, die Ideen und kritischen Feedbacks hätte ich dieses Buch nicht schreiben und fertigstellen können. Besonders hilfreich waren der Rückhalt und die Ermutigung der Autorinnen und Autoren von *ÜberLeben in der Gleichzeitigkeit*, um dieses „Nachfolgebuch" zu wagen. In den Wochen des Schreibens gaben mir Fragen, kritischen Hinweise und Anregungen meiner Frau Susanne Ehmer entscheidende Impulse.

Ich danke auch Uta-Barbara Vogel, dass ich den gemeinsam verfassten Artikel „Von der Agilen Organisation zur Organisation N.N." weiterverwenden und bearbeiten durfte.

Ohne das konsequente und kreative Lektorat von Sabrina Mašek hätte ich mich in Gedanken und Reflexionsketten verloren und damit wahrscheinlich auch die Leserinnen und Leser.

Es hat viel Spaß gemacht, mit Eva Wiesner nachzudenken, wie Illustrationen den Text bereichern und auflockern können, und dann ihren Zeichnungen zu folgen.

Und ich danke auch mir selbst:

Ich habe bei einer Skitour eine Meniskusverletzung erlitten, die alle weiteren sportlichen Aktivitäten verhindert hat. Die erzwungene Ruhephase konnte ich in eine genussvolle Zeit des Schreibens wandeln.

Literatur ...

(... die direkt oder indirekt zu diesem Buch beigetragen hat)

Arnold, H. (2016): Wir sind Chef, Wie eine unsichtbare Revolution Unternehmen verändert. Freiburg (Hauffe)

Baecker, D. (1994): Postheroisches Management. Berlin (Merve)

Baecker, D. (2007): Studien zur nächsten Gesellschaft. Frankfurt/Main (Suhrkamp)

Baecker, D. (2009): Krisenkultur. In: Zschr. Revue für Postheroisches Management. Berlin (Stiftung Nächste Gesellschaft gGmbH), Heft 5, S. 108-111

Baecker, D. (2012): Organisation und Störung. Aufsätze. Frankfurt/Main (Suhrkamp)

Bateson, G. (1985). Ökologie des Geistes. Frankfurt M., (Suhrkamp)

Bateson, G. (1987). Geist und Natur. Frankfurt/M (Suhrkamp)

Bauer, J. (2013): Arbeit. Warum unser Glück von ihr abhängt und wie sie uns krank macht. München (Blessing)

Bohm, D. (1998). Der Dialog. Stuttgart (Klett-Cotta)

Ciompi, L. (1997): Die emotionalen Grundlagen des Denkens, Vandenhoek&Ruprecht (Göttingen)

Clausewitz, C.v. (1832): Vom Kriege. Wikipedia http://de.wikipedia.org/wiki/Strategie

Collins J. (2008): Der Weg zu den Besten. Die sieben Management-Prinzipien für dauerhaften Unternehmenserfolg. München (dtv) 8. Aufl.

Damasio, A. (2001): Ich fühle, also bin ich. Die Entschlüsselung des Bewusstseins. München (List)

Dräther, R., Koschek, H., Sahling, C. Scrum – kurz & gut. O'Reilly, 2013,

Duhigg, C. (2012/2013): Die Macht der Gewohnheit. Warum wir tun was wir tun. München (Berlin Verlag).

Ehmer, S., Regele, D., Regele, W., Schober-Ehmer, H. (2016) ÜberLeben in der Gleichzeitigkeit, Leadership in der „Organisation N.N." Heidelberg (Carl Auer)

Ehmer, S. (2004). Dialog in Organisationen. Praxis und Nutzen des Dialogs in der Organisationsentwicklung. Kassel (Uni Press)

Ehmer, S. (2008): Dialog als kreativer Denkraum in modernen Organisationen. In: Aufsichtsrat aktuell, 1/2008. Wien (Linde)

Ehmer, S. (2009): Lustvolles Lernen – Wirksames Irritieren. In: Zeitschrift Supervision, Heft 1/2009, 17-22.

Ehmer, S. (2015): Plädoyer für eine wechselseitige bewusste Irritation – Beraterin irritiert Kunden irritiert Berater. In: Zschr. supervision – Mensch Arbeit Organisation, Berlin. 1/2015, S. 30-34

Ehmer, Susanne und Payer, Harald (2017): Strategie – wozu? In: Zeitschrift supervision, Heft 3-2017

Ehmer, Susanne (2017): Strategieentwicklung: wo stehen wir – wo wollen wir hin? In: Zeitschrift supervision, Heft 3-2017

Ehmer, S. u. Schober-Ehmer, H. (2008a): Leadership – Mind - Spirit. Vortrag, 1. Redmont-Dialog-Symposium, Wien. www.schoberehmer.com

Ehmer, S. und Schober-Ehmer, H. (2010): Das Redmont Leadership Modell©. Abrufbar unter www.redmont.biz

Foerster, H.v./Bröcker, M. (2002): Teil der Welt – Fraktale einer Ethik-Ein Drama in drei Akten. Heidelberg

Gallup (2014): Engagement Index Deutschland 2014 und 2018. [Internet]. Verfügbar unter http://www.gallup.com

Groth, T. (2013): Person und Organisation als eine Seite der Medaille – Systemtheoretische Reflexionen. In: Schumacher, T. (Hrsg.)(2013): Professionalisierung als Passion. Heidelberg (Carl Auer). S. 86-96

Groth, T. (2017): 66 Gebote systemischen Denkens und Handelns in Management und Beratung. Heidelberg (Carl Auer)

Grundl B. (2012): Die Zeit der Macher ist vorbei. Warum wir neue Vorbilder brauchen. Berlin (Econ)

Homer, Heitsch, E., Häntzschel,G. (2010): Ilias\Odyssee. Ditzingen (Reclam)

Hüther G. (2008): Wozu brauchen BeraterInnen Wissen über Hirnforschung? Oder: Führen als erfolgreiche Navigation im Dickicht eigener und fremder Synapsen. In: Daimler R.: Basics der Systemischen Strukturaufstellungen. München (Kösel). S. 63-70.

Hüther, G. (2006): Die Bedeutung sozialer Erfahrungen für die Strukturentwicklung des menschlichen Gehirns. In: Herrmann, U. (Hg.): Neurodidaktik. Weinheim, Basel (Beltz), S. S. 41-48

Hüther, G. u. Schmid, B. (2009): Der Innovationsgeist fällt nicht vom Himmel. Kreativität in Menschen und Organisationen aus neurobiologischer und systemischer Sicht. In: Schreyögg, A. u. Schmidt-Lellek, C. (Hg.): Die Organisation in Supervision und Coaching. Wiesbaden (Verlag für Sozialwissenschaften), S. 126-142

Isaacs, W. (2002). Dialog als Kunst gemeinsam zu denken. Die neue Kommunikationskultur in Organisationen. Bergisch-Gladbach (Edition Humanistische Psychologie)

Jullien, F. (1999): Über die Wirksamkeit. Berlin (Merve Verlag).

Jullien, F. (2006): Vortrag vor Managern über Wirksamkeit und Effizienz in China und im Westen. Berlin (Merve)

Laloux, F. (2014): Reinventing Organisations, Ein Leitfaden zur Gestaltung sinnstiftender Formen der Zusammenarbeit. München (Franz Vahlen)

Luhmann, N. (2000): Organisation und Entscheidung. Wiesbaden (VS Verlag für Sozialwissenschaften)

Lüpke v. G. (2010): Zukunft entsteht aus Krise. Antworten von Joseph Stiglitz, Vandana Shiva, Wolfgang Sachs, Joanna Macy, Bernard Lietaer u.a. eBook. München (Rieman)

March, J.G. (2016): Zwei Seiten der Erfahrung. Wie Organisationen intelligenter werden können. Heidelberg (Carl Auer)

Mintzberg, H. u. a. (2002): Strategy Safari. Eine Reise durch die Wildnis des strategischen Managements. Frankfurt am Main/Wien (Redline Wirtschaft bei Ueberreuter)

Müller, H-E, (2017): Unternehmensführung, Strategie-Management-Praxis. Oldenburg (De Gruyter)

Nagel, R., Wimmer, R. (2002): Systemische Strategieentwicklung Modelle und Instrumente für Berater und Entscheider. Stuttgart (Klett-Cotta)

Oesterreich, B., Schröder, C. (2017): Das kollegial geführte Unternehmen, Ideen und Praktiken für agile Organisationen von morgen. München (Vahlen)

Ortmann, G. (2011): Die Kunst des Entscheidens. (Velbrück)

Perlow LA. (2010): Weniger arbeiten – mehr leisten. In: Harvard Business Manager 1/2010, S.24-35

Plattner, H. Meinel, C. Ulrich Weinberg: *Design-Thinking. Innovation lernen – Ideenwelten öffnen.* mi-Wirtschaftsbuch – FinanzBuch Verlag, München 2009

Rosa, H. (2016): Resonanz, Eine Soziologie der Weltbeziehung. Berlin (Suhrkamp)

Schober, H. u. Buchinger, K. (2006): Das Odysseusprinzip. Leadership revisited. Stuttgart (Klett-Cotta) (jetzt bei Schäffer-Pöschl)

Schober, H. u. Schulte-Derne, M. (1996): Freiheit im Kontext strategischer Orientierung. Die Steuerung von Organisationen durch Strategisches Management. In: D. Rothauer / H. Krämer (Hg.), Struktur und Strategie im Kunstbetrieb. Tendenzen der Professionalisierung, Wien: WUV, S. 27–37

Schober-Ehmer, H. u. Ehmer, S. (2008c): Verlust durch Kontrolle – Kontrollverlust? In: Aufsichtsrat aktuell. Heft 4

Schober-Ehmer, H. u. Ehmer, S. (2010): Beraten und Führen in der Krise.
In: Zeitschrift Supervision - Mensch Arbeit Organisation, 1/2010, S. 32-
38, Weinheim (Beltz)

Schober-Ehmer, Herbert und Vogel, Uta-Barbara (2017): Ist die agile
Organisation die Lösung? Ein Check auf der Basis der Organisation N.N.
https://redmont.biz/lektuere

Schober-Ehmer, H., Ehmer, S., Regele, D. (2017): Die neue
Gleichzeitigkeit von Unterschieden – wie soll man da noch führen? In:
„CSR und Digitalisierung" Hrsg. Hildebrandt, A., Landhäußer, W.

Segal, L. (1986): Das 18. Kamel oder die Welt als Erfindung - Zum
Konstruktivismus Heinz von Foerster. München (Piper)

Senge, P. M. (1996): Die fünfte Disziplin. Stuttgart (Klett-Cotta)

Simon, F. B. u. C. O. N. E. C. T. A. (19983): Radikale Marktwirtschaft.
Heidelberg (Carl-Auer-Systeme)

Simon, F. B. (2004): Gemeinsam sind wir blöd!? Die Intelligenz von
Unternehmen, Managern und Märkten. Heidelberg (Carl-Auer-
Systeme)

Simon, F. B. (2007): Paradoxiemanagement oder: Genie und Wahnsinn
der Organisation. In: Revue für postheroisches Management. 1/2007.
68-87.

Sparrer, I. u. Varga von Kibed, M. (2000): Ganz im Gegenteil. Heidelberg
(Carl-Auer-Systeme)

Sprenger, R. (2018): Radikal Digital. Weil der Mensch den Unterschied
macht. München (DVA)

Sunzi, Eisenhofer H. (2011): Die Kunst des Krieges. Übersetzung aus dem
Chinesischen. Hamburg (Nikol)

Weick, K. (1985): Der Prozeß des Organisierens. Frankfurt/M. (Suhrkamp)

Weick, K. u. Sutcliff, K. (2003): Das Unerwartete managen. Stuttgart
(Klett Cotta)

Über den Autor

Herbert Schober-Ehmer ist systemischer Organisationsberater, Executive Coach und Autor. Er ist seit über 40 Jahren als Senior Consultant, Trainer, Coach und Lehrbeauftragter tätig. Geschäftsführender Gesellschafter im Redmont Consulting Cluster.
Arbeitsschwerpunkte sind die Begleitung von Vorstands- und Geschäftsleitungsteams bei der Entwicklung ihrer Steuerungs-funktion und deren Kooperations-, Entscheidungs- und Strategie-prozesse. Er unterstützt Organisationen beim Kreieren und Gestalten innovativer Strukturen und Führungskonzepte.
Sein neuer Schwerpunkt ist die sozial verantwortlich gestaltete Digitale Transformation.
In seiner Arbeit ist ihm wichtig, ökonomische Perspektiven mit den Fragen nach Sinn und Nachhaltigkeit zu verbinden, um die Arbeit mit Freude, Klarheit und Begeisterung zu ermöglichen.
Kontakt: www.redmont.biz

Über die Illustratorin

DI Eva Wiesner ist Architektin und freischaffende Künstlerin.
Eva Wiesner, die „Vielstudierte", verweigert sich in Ihrer persönlichen Kunst jeder Ausbildung: „ Ich habe mich lange dem Wissen und dem Lernen unterworfen, hier weiß ich, ich muss gar nichts wissen." Charakteristisch ist Ihr humoristischer Zugang zu allen Lebensthemen, denen sie mit einem „Augenzwinkern" die scheinbare Schwere nimmt.
Heute arbeitet Eva Wiesner wieder als Architektin, Designerin und freischaffende Künstlerin.
Kontakt: www.artgoesfun.at

Über die Lektorin

Dr. Sabrina Mašek ist Biologin, Autorin, Lektorin, Schreibcoach und Trainerin. Sie drückt ihre Liebe zu Sprache in allem aus, was kreativ und bunt ist. Sabrina Mašek schreibt Haikus genauso gerne wie (Fach)Bücher oder Industrietexte und schafft es, auch komplexeste Inhalte verständlich (und bei Bedarf humorvoll) darzustellen. Besonders gerne formuliert sie Flyer und Homepages für Start Ups oder Menschen in therapeutischen Berufen, in denen sie die „Seele" von Personen oder Angeboten sichtbar machen kann.
Kontakt: www.dieklartexterin.at